漫画版经典国学

响应国学启蒙教育 弘扬东方传统文化

百家姓

珍藏版

策划 张铎耀

编著 童丹

国学经典穿越千年时空

书声琅琅承续中华文明

长江出版传媒 湖北美术出版社

前言

《百家姓》问世以后，广受欢迎，成了古代儿童的必备启蒙读物，渐渐家喻户晓，一代代流传下来。这既说明它适宜于儿童的启蒙教育，也说明姓氏文化在中华传统文化中的重要地位。

《百家姓》是一本关于中华姓氏的书，是中国流行最长、流传最广的一种蒙学教材。它的成书和普及要早于《三字经》。《百家姓》与《三字经》《千字文》并称"三百千"，是中国古代儿童的启蒙读物。《百家姓》成书于北宋初年，因为宋朝皇帝姓赵，"赵"姓理所当然成为当时的第一大姓。它将常见的姓氏，编成四字一句，不仅读起来朗朗上口，而且内容也很有趣。《三字经》从成书开始，千百年来有着多种版本，但几乎很少能网罗尽所有姓氏。因而，并非所有版本都会按照北宋初年成书的顺序来排。本书即是按照每个姓氏在我国所占人口的比例，选取了近百个最为常见的姓氏，分别介绍了每个姓氏的姓氏来源及历代名人，再选取较有影响力的名人故事，配以新鲜有趣的语言、诙谐的彩色插图，让孩子们在历史故事中获得乐趣、获得知识。

《百家姓（漫画版）》用最浅显的童语、最幽默的文字来解读国学经典，挖掘古代圣贤的智慧结晶对现代孩子的启示，再配合贴近主题的小故事，使孩子们在快乐阅读中透彻理解，学以致用！

《百家姓（漫画版）》姓氏选取大字号，生僻字加注拼音，排版生动活泼，用诙谐的彩色插图，与文字紧密结合，很符合现代儿童的阅读喜好。这样，孩子认字不再烦，家长老师教育不再难。

愿我们精心编辑的这套书能够成为孩子们的阅读精品，丰富孩子们的精神世界，提高孩子们的文化修养。

目　录

赵

姓来源 赵姓来源主要有二：一是出自嬴姓，周穆王将赵城（今山西洪洞县北）之地赐给了造父（颛顼帝的裔孙），造父的后裔便以封邑为氏，称为赵氏。另一来源为少数民族改姓赵氏。历史上赵姓名人很多，如蜀汉名将赵云。唐有开宋代学者疑古之风的经学家赵匡。两宋时期，赵氏声望最为辉煌。涿郡人赵匡胤发动陈桥兵变，建立宋朝，赵氏成为当时第一大姓。

钱

姓来源 钱姓来源较为单一，其远祖为陆终，得姓始祖为钱孚。陆终的后裔有个叫彭孚的，在西周时任钱府上士（掌管钱财的官），其后人便以官为氏，称为钱氏。另外，清代满族和西南少数民族，如哈尼族中也有钱姓。唐代有著名诗人钱起。明末清初著名诗人钱谦益。近现代文字学家钱玄同，著名科学家钱学森、钱伟长、钱三强。

孙

姓来源 孙姓来源主要有六：一是出于芈（mǐ）姓，春秋战国时期楚国的令尹孙叔敖（姓芈名艾）的子孙以他的字命氏。他是孙姓的得姓始祖。二是出自姬姓，为卫国国君康叔的后代。三是出自妫姓。四是出自子姓。五是外姓改孙姓。六是他族改姓。春秋战国时期有孙武，著有《孙子兵法》；军事家孙膑。三国时期有孙坚、孙策、孙权，父子三人领兵征战天下，建立吴国。现代有伟大的民主革命家孙中山。

李

姓来源 李姓来源主要有三：一是理徵之妻带着儿子利贞逃难时，因食李子充饥，故改理姓为李氏。二是出自他族改姓。三是出自他姓改李氏。古代伟大的哲学家、思想家，道家学派创始人李耳，著有《道德经》。战国水利家李冰，他主持修建了世界闻名的都江堰。汉代名将李广。唐代第二位皇帝李世民，其统治时期被称为"贞观之治"。唐代著名浪漫主义诗人李白。

陈桥兵变

公元960年正月，周恭帝派太尉赵匡胤率军北上抵抗契丹军南侵。

一天，大军驻扎在陈桥驿。将士们眼看局势紧迫，便聚在一起商量。

现在皇帝年幼，不能亲自处理政事，我们拼死为国家打退敌人，谁能知道我们的功劳呢？不如先拥立赵太尉为天子，然后再北征也不晚。

我哥对朝廷赤胆忠心，怎么会取代天子呢？

赵匡胤的弟弟赵匡义知道后，便找赵普去劝导这群将士。

将领们亮出武器，大声说："难道你们希望在国难当头之际让我们遭难吗？况且现在群龙无首，政令很难统一，不知会发生什么事，还不如策太尉为天子，统一号令击退敌人。"

当天夜里，将领们找了京城里的石守信、王审琦做内应迎接赵匡胤入城，胁迫周恭帝禅位。

我没醉，来，继续喝…

赵匡胤

第二天，赵匡胤从酒醉中醒来，被众将糊里糊涂地披上黄袍，就这样他成了宋朝开国皇帝。

万岁！　万岁！

周 **姓来源** 周姓来源主要有三：其一，黄帝时有一位叫周昌的大将，他的后代以周为姓。其二，出自姬姓，始祖为周文王。周朝的很多王族后人后来都改以国名为姓，通常被认为是我国周姓来源的主要部分。其三，由他姓或他族改姓。历代名人中有三国时的吴国名将周瑜。无产阶级革命家、政治家、军事家和外交家，中华人民共和国第一任总理周恩来。

吴 **姓来源** 吴姓来源主要有二：一是出自姬姓，始祖为周代的泰伯，曾在今陕西的岐山南下到今江苏无锡一带建立吴国，其子孙以国为氏，称吴氏。二是出自虞氏。相传周文王封仲雍的后代于虞国（今山西平陆县北）。金文中虞、吴字相通，于是虞人后来有称吴姓的。吴姓历史上名人很多。有战国时军事家吴起。秦末农民起义领袖吴广。唐代有被后人奉为"画圣"的吴道子。明代有《西游记》作者吴承恩。

郑 **姓来源** 郑姓来源较单一，主要出自姬姓，是黄帝裔孙后稷之后。周宣王封同父异母兄弟姬友在郑，称郑桓公。郑后被韩国所灭。郑桓公的十五世孙郑鲁迁居陈、宋之间，以国为氏，称郑氏。历史上郑姓名人很多。明代有航海家郑和，曾七下"西洋"促进中国与亚非三十多个国家的经济、文化交流。明清之际有民族英雄郑成功，收复台湾。清有杰出的书画家、文学家郑燮（xiè），即"扬州八怪"之一的郑板桥。

王 **姓来源** 王姓来源主要有五：一是出自姬姓，主要有三支。周灵王太子晋之子宗敬为司徒，其后人号称王家，此其一。京兆郡、河间郡有王姓，为周文王第十五子毕公高的后裔，此其二。河东猗氏有王姓，是周平王太孙赤的后裔，此其三。四是由北方他族改王姓而来。五是出自赐姓或冒姓。王姓是我国十大姓氏之一，杰出人物很多。晋有书圣王羲之。唐有著名诗人王勃、王维。

儒将周瑜

周瑜自小聪颖过人，有过目不忘的本领，精通经史、文赋、兵法及音律。

周瑜和孙策一直是形影不离的好朋友。

周瑜

孙策

周兄，我把弟弟孙权就托付给你了。

孙兄，你放心走吧，我一定好好扶助他建立大业，安抚百姓。

主上，我们向曹军投降吧！

孙权

建安十三年，曹操率领二十万大军向江东孙权逼进。

只有周瑜和鲁肃力主抗曹。他们与刘备合力共同击曹。曹军远道而来，又不习水战，因而把战船用铁索连起来，他们根据这种状况，决定采取火攻计策。

周瑜先是诈降，趁着夜色，把装有易燃物的船只开向曹营，曹军大败。

后来周瑜进兵南郡时，不幸被流矢击中右臂，在途中病逝，年仅三十六岁。

9

冯

姓来源 西周时，周文王的第十五个儿子毕公高有个叫毕万的后代，被分封在魏地。毕万有个叫文孙的孙子被封在冯城。于是，文孙这一支的子孙们就以封地"冯"的名称为姓。战国时齐国有名士冯谖。明代有文学家冯梦龙。清代有太平军首领冯云山，抗法名将冯子材，抗英英雄冯婉贞，我国第一个飞行家和飞机设计师冯如。现代有国民党爱国将领冯玉祥。

陈

姓来源 陈姓来源主要有五：一是出自妫姓，其始祖为妫满。二是出自陈国公族后裔，陈国内乱，厉公的儿子出逃到齐国，以国名为姓氏，称陈氏。三是出自白永贵的后人。隋初有白永贵改姓陈，其后裔也多改陈姓。四是刘矫的后裔也有改陈姓的。五是南北朝时，鲜卑族一支侯莫陈氏南迁洛阳后，改复姓为汉字单姓，称陈氏。唐玄奘俗名陈祎，是佛教经典名著的翻译家，中国佛教唯识宗的创始人。现代有无产阶级革命家、军事家、外交家、中华人民共和国元帅陈毅。

褚

姓来源 春秋时，宋共公子瑕在宋国担任褚师的官职，专门负责管理市场。他的后代以祖先的官名为姓，称为褚氏。此外，周代有褚地，居住在那里的百姓也有以地名为姓的。唐代书法家褚遂良，是"唐初四大书法家"之一（另外三位是欧阳询、虞世南和薛稷）。留存至今的碑刻有《房玄龄碑》《雁塔圣教序》等。

卫

姓来源 西周初期，周公率兵平定了殷人武庚和周人管叔、蔡叔、霍叔的叛乱。周武王就把弟弟康叔封于殷墟一带，建立了卫国，管辖那里的"殷民士族"。卫国延续了八百多年，后被秦灭掉。卫君的子孙就以国名为姓，称为卫氏。西汉名将卫青，因姐姐卫子夫当了皇后而受到汉武帝的重用，后来官至大将军，封为长平侯。他前后一共七次出征，打得匈奴望风而逃，不敢再轻易侵犯汉朝的边境。

大将军卫青

卫青是汉武帝时期抗击匈奴的名将。

元光二年，汉武帝决定靠"文景之治"积累的财富和兵力，对匈奴发起反击。

朕决定反击！

卫青七次领兵攻打匈奴，立下了赫赫战功。

汉武帝元朔六年春，大将军卫青奉命远征匈奴。

禀报将军，苏建遭遇匈奴单于，激战一天，所率一千多人全部阵亡，独他一人逃回来。

大将军从来没有杀过偏将来立威，今天苏建弃军而逃，正好一用。

不行，杀了他不是告诉将士：今后失败了可千万不要回来？

虽然天子信任我，赋予我重权，但我却不敢在千里外擅用。待我把情况报告天子，让圣明的天子来裁决，不是很好吗？

卫青手握兵权，却没人猜疑他，也没人妒忌他。

卫大人说的有道理……

蒋

姓来源 蒋姓来源较为单一，主要出自姬姓。西周初期，周公姬旦的第三个儿子叫伯龄，被封在蒋，建立蒋国。后来蒋国被楚国所灭，伯龄的后代子孙就以原国名命氏，称蒋氏。三国时蜀汉有大将军蒋琬。北魏有美术家蒋少游。唐有宰相蒋伸。宋有诗人、书法家蒋璨（càn），词人蒋捷。明有画家蒋时行。清有大学士、画家蒋廷锡，文学家蒋士铨。现代有光学科学家蒋筑英。

沈

姓来源 沈姓来源主要有三：一是出自姬姓。周文王第十子季载因平武庚（商纣王之子）叛乱有功，被封于沈国（今山西汾河流域）。春秋时，沈为蔡所灭，季载后裔子孙便以国为氏，称沈氏。二是出自芈姓。春秋时楚（芈姓）庄王之子公子贞封于沈鹿，故为沈氏。三是出自金天氏。沈、姒、蓐（rù）、黄四国皆为少昊（金天氏）裔孙台骀氏之后，沈国地在今山西汾河流域，后为晋所灭，后代便以国为氏，称沈氏。北宋有科学家、政治家沈括。现代有作家沈雁冰、沈从文。

韩

姓来源 韩姓出自姬姓，周成王弟弟唐叔虞的后代受封于韩原，称为韩武子。武子的曾孙韩厥以封地名为姓，称韩姓。历史上韩姓名人很多。有战国末期的思想家韩非，建立法家学说。汉初有军事家韩信，善于用兵，自称"多多益善"。唐代有著名思想家、文学家韩愈，人称"唐宋散文八大家"之首。南宋有名将韩世忠。

杨

姓来源 杨姓来源主要有三：一是姬姓晋武公（唐叔虞十一世孙）封次子伯侨于杨，称杨侯，这是杨姓人的受姓始祖。二是出自赐姓。三国时，诸葛亮平定哀牢夷（湖南、贵州的僚族分支）后，赐当地少数民族为赵、张、杨、李等姓。三是他族、他姓改姓杨。隋朝有开国皇帝杨坚。唐朝有"中国古代四大美人"之一杨贵妃。北宋有名将杨业世家。南宋有诗人杨万里。现代有国民党爱国将领杨虎城，东北抗联领导人杨靖宇。

蒋琬大度容下

蒋琬是三国时蜀汉名将，诸葛亮死后，他成为治国继承人。

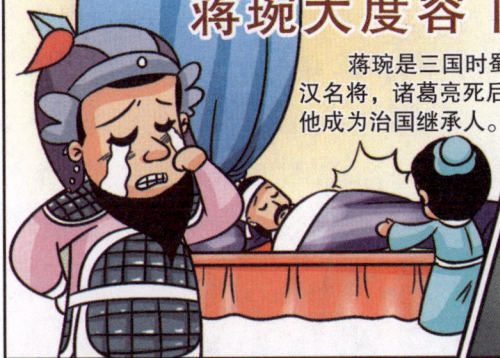

他手握大权，却从不骄傲，思考问题冷静，待人宽洪大量。

蒋琬有一个手下叫杨戏，这个人非常傲慢，就连蒋琬去找他商量事情，他也爱理不理的。

将军，他这个样子实在是对您太不尊重了，应当好好惩罚他一下。

有的人表面上服从，但背后说坏话。

……

如果杨戏心里反对我而表面上又赞同，那就违反他的本意了。而现在他选择沉默，不正是他耿直的表现吗？

蒋琬的大度流芳百世，至今为人津津乐道。

朱

姓来源 朱姓是从邾（zhū）姓演变而来的。据史书记载，颛顼帝的后人曹挟被封在邾地，建立了邾国。邾国被灭后，曹挟的后代便以封地为姓，改邾为朱。战国有勇士朱亥。西汉有名臣朱买臣。唐有诗人朱庆馀。唐末有梁王朱温。南宋有著名学者朱熹。明代有开国皇帝朱元璋。现代有文学家朱自清，无产阶级革命家、政治家、军事家、中华人民共和国元帅朱德。

秦

姓来源 秦姓来源主要有三：一是出自嬴姓，为颛顼帝的后裔，其后人建立了秦国，秦灭后，王族子孙便以国名作为姓氏，称为秦氏。二是出自姬姓，为周文王的后裔。周公旦的后裔食采于秦邑，其后有以邑为姓，称秦氏，史称秦姓正宗。三是古代大秦人来中国，有的就以"秦"为氏。战国时名医扁鹊，姓秦，名越人，又号卢医，创立了望、闻、问、切"四诊法"。唐朝名将秦叔宝，被民间奉为"门神"之一。北宋著名词人秦观。

尤

姓来源 五代时，闽国的建立者王审知统治福建，福建姓沈的人为了避王审知的名讳（沈、审音同），便改姓尤。南宋诗人尤袤，号遂初居士，和杨万里、范成大、陆游齐名。他曾写过《淮民谣》，描写农民的痛苦，为百姓申诉。他的诗写得十分亲切，如"胸中襞积千般事，到得相逢一语无"，这句诗写出了久别重逢的情景，十分真实感人。

许

姓来源 尧帝时，有位贤人叫许由。尧帝非常敬重他的才学和为人，要把天下禅让给他。可是许由不愿当官，只要听见"当官"这个词都要洗洗耳朵。于是，他便隐居在大山中。他的后代便成为了最早的许姓。战国时楚国有许行，是最早出现于史籍的许姓著名人物。许浑，唐代诗人，其诗作中"山雨欲来风满楼"句为世人传唱。许道宁，宋代画家，以擅长画林木、山水闻名。许衡，元朝理学家，与刘因、吴澄并称为元朝三大理学家。

许衡严于律己

许衡是元代著名理学家，从小爱思考问题。

老师，我们读书是为了什么？

当然是为了中状元，做个大官，光宗耀祖呀！

读书岂不是只有这些吗？那难道不是太枯燥了？

一次，他和朋友们一起出去游玩，走了很长时间，又累又渴。

前面有梨子，我们去摘！

⋯⋯

许衡，你为什么不去摘几个吃呢？树的主人又不在。

梨树没有主人，难道我的心也没有主吗？我要坚持心中的信念，坚持道义！

许衡凭着这样的信念，最后成了著名的理学家。

何

姓来源 何姓来源主要有三：一是出自姬姓，是周文王之后，始祖是何庶，史称何姓正宗。二是唐代的"昭武九姓"中有何姓。三是出自冒姓或赐姓。历史上何姓名人很多，东汉学者何休，他对六经的造诣，当时无人能及。西晋人何充，官至宰相，以公正廉洁著称于世。明代有著名文学家何景明。清代有校勘家何焯（zhuō）。近现代有中国共产党早期领导人何叔衡，著名民主革命家、画家何香凝。

吕

姓来源 吕姓来源主要有三：一是出自姜姓。春秋时，吕国被楚国所灭，其后子孙以国为氏，称吕氏，史称吕姓正宗。二是出自魏氏。春秋时晋国有吕氏，系从魏氏分化而来。三是出自少数民族改姓。战国时秦有丞相吕不韦。西汉高祖时有皇后吕雉。三国时吴有名将吕蒙。十六国时有后凉国君吕光。宋有宰相吕蒙正、吕夷简、吕公著以及理学家吕祖谦。明有戏曲理论家吕天成。明末清初有名士吕留良。

施

姓来源 东周鲁惠公有个儿子叫公子尾，字施父。鲁桓公时，施父为大夫，很有贤名。后人施伯以其字为姓，后代就有了施氏。明代小说家施耐庵，他编著的《水浒传》是我国古代长篇小说四大名著之一。明末有著名将领施琅。清代有文学家施闰章，诗人施清，著名围棋国手施定庵，画家施心松。

张

姓来源 上古时，黄帝有个孙子叫"挥"。挥发明了弓箭，于是他就担任了制造和管理这种武器的官员，官职为弓长。他把"弓"和"长"这两个字合在一起，作为自己的姓氏。历史上的张姓族望人盛，名人辈出。战国时期有先后任秦相和魏相的张仪。西汉有大臣张良，名将张骞。东汉有科学家张衡。三国蜀汉有大将张飞。北宋有画家张择端，代表作以《清明上河图》最为珍贵。明末有农民起义首领张献忠。清代有两广总督、洋务派首领张之洞。

张衡发明地动仪

张衡从小就爱读书。

他还特别爱钻研天文历算。

公元132年，张衡发明了一种测定地震方位的地动仪。

如果某一方向发生地震，柱子就倒向那个方向的横杆，那个方向的龙嘴就吐出铜球，落到蟾蜍嘴里。张衡发明的地动仪，是世界上第一个测定地震方向的仪器。

张衡在创造发明方面，除了地动仪，他还发明了表现浑天思想的浑天仪，测定方向的候风仪，制成了当时只是在传说中有过的指南车。

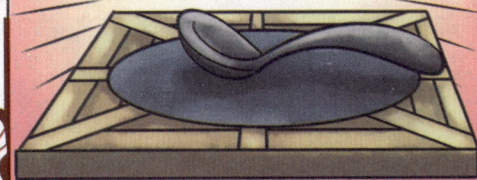

他在数学、地理、艺术、文学等方面都占有一定的地位。

孔

姓来源 孔姓来源很多，商王万汤姓子，名履，字天乙。后代以"子"加"乙"，就有了孔姓。另外，春秋时宋国上卿正考父之子嘉，字孔父，被杀后，他的儿子逃到鲁国，以父亲的字为姓。再有上古黄帝的史臣孔甲，其后代也姓孔。中国伟大的思想家、教育家孔子，名丘，字仲尼，是儒家学派创立者。孔子的思想是中华民族巨大的精神财富，现存有《论语》一书。

曹

姓来源 曹姓来源主要有三：一是起于黄帝姬姓的后代。公元前 11 世纪，周武王之弟振铎被封于曹，建都陶丘，成为曹氏始祖。二由邾姓改姓曹。颛顼帝的玄孙陆终的第五子安被周武王封在邾国。后来邾被楚所灭，安的子孙一部分改姓曹。三是他姓他族改姓曹。三国时期有著名政治家、军事家、诗人曹操，建安元年，他统一了中国北部，其子曹丕称帝，他被追尊为武帝；曹植，曹操之子，著名诗人。清代有著名作家曹雪芹，他的《红楼梦》为中华民族留下了一笔宝贵的遗产。

严

姓来源 严姓来源主要有三：一是古严国的后裔。二是出自庄氏。汉明帝名叫刘庄，为避皇帝名讳，令庄氏改姓严。三是"胡姓汉化"。西汉时有著名辞赋家严忌。东汉有名士严光（严子陵）。宋代有名士严羽、严昌裔、严仁。近代有著名的启蒙思想家、翻译家严复，翻译了《天演论》。现代有著名科学家严济慈，著名表演艺术家、黄梅戏大师严凤英。

华

姓来源 春秋时宋戴公的儿子考父封在华邑（今陕西华阴），他的子孙就以封邑的名为姓，称华氏。汉末医学家华佗，精通内、外、妇、儿、针灸（jiǔ）各科，尤其擅长外科。他创制了麻沸散，即最早的麻醉药。他还发明了五禽戏，这是一套模仿动物动作的健身体操。

旷世大英雄

曹操是历史杰出的政治家、军事家和文学家。

东汉末年，各地军阀割据称雄。曹操把汉献帝从洛阳迎到许昌，挟天子以令诸侯，同各地割据势力展开斗争。

袁绍

我十万的精锐雄师，怎么会败在他八千兵力手下。真是郁闷！

才；提拔人业，重视农生产，招募流亡农民。

种，兴修水利。抑制豪强，整顿风俗。屯田垦

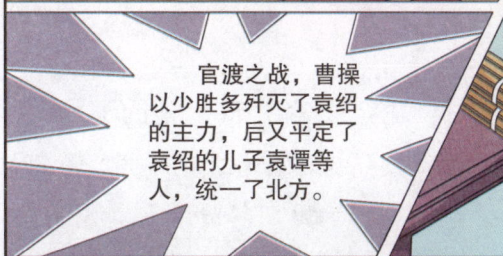

官渡之战，曹操以少胜多歼灭了袁绍的主力，后又平定了袁绍的儿子袁谭等人，统一了北方。

曹操还精通兵法，著有《孙子略解》很有研究，曾对《孙子兵法》

鲁迅说："曹操是一个很有本事的人，至少是一个英雄。"

金 **姓来源** 金姓来源较复杂，主要有三：一是出自少昊金天氏，他的后裔就有以金为姓的。二是出自匈奴休屠王太子金日磾之后。西汉时大臣金日磾（dī），本来是匈奴休屠王的太子，汉武帝时从昆邪王归汉。三是刘姓改姓为金氏。唐朝有佛教密宗僧徒金刚智，南天竺人，来中国传教，曾译《金刚顶经》。明末清初有文学评论家金圣叹。

魏 **姓来源** 春秋时，周文王的曾孙中有一个叫毕万的人到晋国任大夫。他在消灭霍、耿、魏三国的战斗中立了大功。于是，晋献公就把魏地赐给了他。以后，毕万的子孙便以魏为姓。春秋战国时，魏斯建立魏国，成为战国七雄之一。三国时蜀汉名将魏延，以勇猛闻名。唐代有直臣魏征，提出"兼听则明，偏信则暗"等治世名言。明代宦官魏忠贤，残害忠良，祸国殃民，是历史上宦官专权的典型代表。清代有思想家、文学家魏源。

陶 **姓来源** 相传尧称帝以前，曾封于陶，称陶唐氏，他的子孙中有一支就姓陶。另外，虞舜之子商均的后裔虞阏父在周代担任陶正的官职（管理陶品制作），他的子孙就以官名为姓。东晋诗人陶渊明，因其不满现实，不愿为了五斗米的官俸向权贵折腰而辞官归隐。还有现代教育家陶行知。

姜 **姓来源** 姜姓来源主要有二：一是出自炎帝神农氏。我国最古老的"三皇"之一神农氏，出生于陕西岐山西南方的姜水河畔，于是他就以姜作为自己的姓，子孙世代相传。炎帝为姜姓的受姓始祖。二是出自恒氏改姓。商末周初的姜尚，字子牙，东海人，又名吕尚，在武王伐商时为军师，立了战功，被封在齐国，民间称为姜太公。姜维，三国时蜀汉征西将军，接替诸葛亮当了大臣。唐代有宰相姜公辅、姜格。南宋有词人、音乐家姜夔（kuí），有名将姜才。明代有画家姜立纲、姜隐。清初有著名书画家姜彭，画羽毛盛称天下第一。

腹内孕乾坤

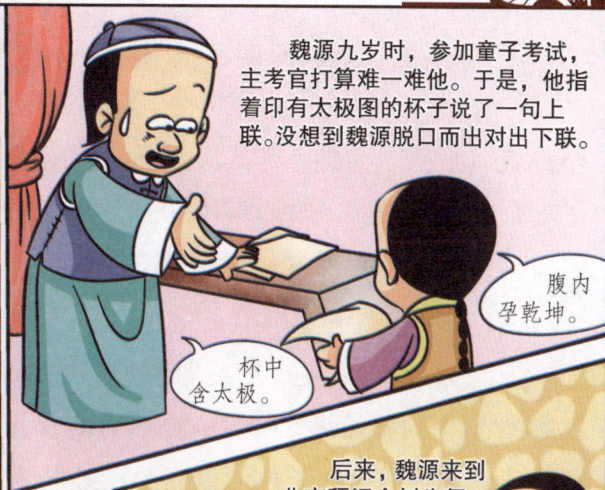

魏源九岁时，参加童子考试，主考官打算难一难他。于是，他指着印有太极图的杯子说了一句上联。没想到魏源脱口而出对出下联。

杯中含太极。

腹内孕乾坤。

后来，魏源来到北京拜汤金钊为师。

老师，请收下我吧！

众人听了，不禁惊讶这孩子的远大志向。

乾坤就是天地，我长大了要管天地间的事。

汤金钊很看重他，就让他整理《大学》的注释。

50 天······

老师，我把《大学》给注释完了。

戚 **姓来源** 春秋时期，卫国大夫孙林父受封于戚（今河南濮阳县东北）。不久，孙林父在卫国内部争权中失败，逃奔晋国，他的子孙就以封邑名为姓，称戚氏。汉代的戚鳃，封临辕侯，其爵位一连传了七代，家族显赫一时。明代抗倭名将戚继光，训练的戚家军，纪律严明，抵抗海上来犯的倭（wō）寇，解除了东南的倭患，战功卓著。

谢 **姓来源** 武王灭商后，商朝后代有叫伯夷和叔齐的逃到首阳山，不食周粟而死。周厉王娶伯夷的女儿为妃，生子为宣王。宣王追封伯夷于谢。伯夷的子孙便以新封的地名为姓。谢姓人才辈出。汉代谢夷吾，曾经极力推荐班固的才华。东晋谢安，孝武帝时位至宰相，在淝水之战中打败苻坚，使晋朝转危为安。南齐著名画家谢赫，善于作风俗画、人物画，著有《古画品录》，是我国最早的绘画理论书籍。

邹 **姓来源** 春秋时，宋国大夫正考父受封于邹（今山东邹县），子孙就以封邑名为姓。战国时齐国人邹衍，著名的思想家、阴阳家。战国时期大臣邹忌，弹着琴游说齐威王，被任命为相国。邹容，四川巴县人，近代中国民主革命烈士。

喻 **姓来源** 喻姓来源主要有二：一是源于谕姓。东汉谕猛之后，现是喻姓的主要一支。二是源于俞姓。远古黄帝时代，有个医官叫俞跗，他的后代相传姓俞，到南朝梁代俞药被赐姓为喻，为喻姓一支之祖。南宋时的喻樗（shū），就是俞药的十六世孙。喻皓，宋代建筑学家。中国的古建筑不像西方用石头建造，而是木建筑，在世界上称为一绝。喻皓写的《木经》是木建筑史上的重要文献。

淝水之战

西晋末年时，许多割据势力自立为王。势力较大的前秦苻坚想灭掉势力较小的东晋。

苻坚

灭掉东晋就像捏死一只蚂蚁一样简单。

苻坚带了九十万大军前来围城，我们投降吧。

司马曜

我们主张抗战到底！

谢安、谢石、谢玄三人坚持主张抵抗。他们带领训练有素的士兵准备迎战。

秦军虽然人多，但他们没有作战经验，且毫无斗志，我有一个好办法可以让他们乱作一团。

谢玄

谢石

谢玄让人送信给苻坚，要求他后退一点，让晋军过河，决一胜负。

苻坚大军在淝水布阵。

退兵～

......

当秦军渡河到一半时，晋兵杀了过来，秦军前阵招架不住，后面又有晋军间谍大喊"秦军败了，秦军败了"！

秦军士兵四处逃散，死伤无数，苻坚逃脱，苻融被杀。

柏

姓来源 柏姓来源主要有三：一是以封国命姓。春秋时，柏国被楚国所灭，柏国国君的后代就用原来的国名柏作为自己的姓氏。二是以人名命氏。柏翳有两个姓属，即柏姓和赢姓，他的后代子孙也形成了两支，其中一支，以柏为姓。三是以木名命姓。相传远古时代有柏皇氏，是东方部族的首领，名叫芝，因为以柏木为图腾，所以称为柏芝。他的子孙就姓柏。东周时有史官柏堂骞。唐代有左拾遗柏耆（qí），左领军卫大将军柏良器，封平原王。

水

姓来源 水姓来源大致有五：其一出自姒姓，为远古大禹治水时水工之后，以职业为氏。其二出自古人以五行之一的水为氏。其三出自共工氏，为黄帝臣共工之后，以官名为氏。其四出自上古时期傍水而居之先民，以水名为氏。其五出自复姓水丘氏所简改，亦以水名为氏。水乡漠，字禹陈，明朝浙江郭县人，万历进士，授宁国知县，后调丹阳当官，为政清廉。水苏民，明代知名清官，曾任邵武知县，廉明清正，为政有方。

窦

姓来源 上古夏帝太康在位时，少康的母亲后缗（mín）跟随太康一起打猎。途中，遇到了穷国的人阻挡。这时，后缗怀孕临近产期，就从窦（洞穴）中逃生，不久生下了少康。为了纪念这件事，少康就让他的儿子姓窦，世代相传。窦婴，西汉大臣，窦太后的侄子，推崇儒术，反对黄老学说，为窦太后所贬斥。窦宪，东汉平陵人，曾领兵出塞大破匈奴，被封为大将军。

章

姓来源 齐太公的支系子孙受封于鄣（今山东诸城一带），后来齐国灭鄣，鄣君的子孙就将"鄣"字去掉偏旁，称为章氏。南朝有将领章昭达，善于将兵，因军功历任定州刺史、都督、镇军将军、车骑将军等职。清代有著名学者章学诚，开创了一代新的学术风尚。还有早年参加民主运动，"七君子"之一的章乃器。

耿直的窦婴

窦婴是西汉窦太后的侄子，他为人耿直。

刘武

梁王刘武是汉景帝的弟弟，窦太后对他特别宠爱。

儿臣参见母后！

窦太后

我儿为皇上国事操心费力，要注意身体，没有空闲就不用来看母亲了，你的心意母亲领了！

母亲，儿臣来看您了！

一次，窦太后宴请众臣，汉景帝与兄弟们畅饮。

朕死后，就把帝位传给你。

汉景帝

刘武

哈哈！

窦太后听了这话，心里非常高兴。

窦婴却不赞成这个想法。

陛下，天下是高祖的天下，帝位应当父子相传，这是汉朝的法度，您怎么能擅自决定把它传给梁王呢？

该死的窦婴。

从此以后，窦太后对窦婴心怀怨恨，待他不再像从前那样亲和了。

云

姓来源 云姓源出有四：一是出自妘姓，为黄帝的子孙颛顼的后代，以祖号为氏。二亦是出自妘姓，为帝喾（kù）时的火官祝融之后，以封国名为氏。三是出自缙云氏，为黄帝时夏官之后，以官名为氏。四是出自少数民族改姓。云崇维，字道枢，号定岸，清代水北都一图人，虽家庭穷苦却泰然处之。云振飞，广东省文昌（今属海南省）人。清光绪三十三年（1907年）考入广东陆军速成学校，加入中国同盟会。后遭清吏逮捕杀害，年仅二十四岁。

苏

姓来源 苏姓来源主要有二：一是出自己姓。周武王时，有司寇忿生，受封于苏国。春秋时，苏国被狄人攻灭。苏国的后裔就以国名"苏"为姓，其得姓始祖为苏忿生。二是出自少数民族。南北朝时北魏有鲜卑代北复姓跋（bá）略氏，随孝文帝迁都洛阳以后，实行汉化，单姓苏。战国有纵横家苏秦。西汉有爱国名臣苏武。宋代文坛有著名的苏洵、苏轼、苏辙三父子，还有宋太宗曾御笔题赠"玉堂之署"四个字的苏易简。

潘

姓来源 潘姓来源主要有三：一是出自姬姓，是周文王的儿子毕公高的后代。毕公高将儿子季孙封在潘地（今陕西省北部），子孙就用潘来命氏。二是出自芈姓。春秋时楚国有公族潘崇，是芈姓后代。三是出自北方鲜卑族。南北朝北魏代北鲜卑族有姓破多罗的，后改成潘氏。南北朝时北魏有光禄大夫潘永吉。宋有宰相潘美。元有诗人潘伯修。明有水利家潘季训。清有学者潘柽章和潘耒。

葛

姓来源 上古有葛天氏，传说他们生活得很艰苦，但却快快活活，无忧无虑。他们的子孙以部族名为姓。东汉有葛龚。三国有葛玄。东晋有道教理论家、医学家葛洪。明代有太医院官葛林。抗日英雄葛振林，"狼牙山五壮士"之一。

文坛奇才苏轼

苏轼是我国历史上杰出的文学家，他与父亲苏洵、弟弟苏辙三人被合称为"三苏"。

苏轼少年时就博通经史，很有才华。

二十二岁时，苏轼考中进士。

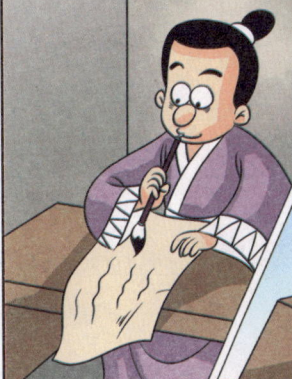

著名的文学家欧阳修主持考试，读到他的文章时，大为赞赏。

老夫当避路，放他出人头地也。可喜，可喜！

欧阳修

由于欧阳修的推崇，苏轼的名气顿时传扬开来。

苏轼还是著名的书法家和画家，擅长行书、楷书，能画竹石，是个"全能"的文学艺术家。

奚 姓来源 上古夏禹时代，车正（造车官员）奚仲，受封于邳（今江苏苏州境内），他的儿子便以父名为姓，世代相传姓奚。奚鼐（nài），唐朝易水人，著名制墨专家。所制的墨不但黑而发亮，还有香味，在墨上印有"奚鼐"或"庚申"二字。

范 姓来源 范姓来源有二：一是出自祁姓，为杜氏后裔。相传唐杜国君杜伯的后代士会在晋国时，食采于范，人称范武子。于是，士会的子孙以邑为氏，改姓范。二是出自外族。春秋后期越国有政治家范蠡（lí）。战国时秦有相国范雎（jū），秦末有谋臣范增。东晋有经学家范宁。南朝末宋有史学家范晔，梁有哲学家范缜。宋代有政治家、文学家范仲淹，诗人范成大。明末有戏曲家范文若。清初有太傅范文程。

彭 姓来源 颛顼的后裔铿封于彭（今江苏徐州），其子孙以国名为姓。铿又被称为彭祖，相传他年轻时做了一碗野鸡肉羹献给天帝，天帝吃了非常高兴，就赐他长寿。结果他活了八百多岁，后来又成为道教中的一个神仙。彭越，字仲，昌邑人，是汉初功臣，辅佐高祖定天下，封为梁王。后因人告他谋反而被杀。

郎 姓来源 上古周朝时，鲁懿（yì）公的孙子费伯率领军队驻扎郎城（今山东省鱼台县），费伯的子孙就在郎城定居下来，并以邑名为姓，世代相传姓郎。郎士元，字君胄。工诗，擅长五律，与钱起齐名，时人喻称："前有沈宋，后有钱郎。"郎廷佐，清朝奉天广宁人，任江西总督。他对于江西瓷器的制造进行改良，仿古制造传统名牌产品，畅销天下，世称"郎窑"。

范仲淹苦学

范仲淹非常懂事，学习十分刻苦。

范仲淹出身贫寒，父亲早逝，母亲带着他改嫁，生活清苦。

范仲淹非常懂事，学习十分刻苦。

后来，他到山上的寺庙里读书。

每晚伴灯苦读，吃住非常艰苦简陋。

后来范仲淹来到南京应天府求学，如饥似渴地一头扎进书堆里。

一个富有的同窗给他送了好吃的饭菜。可过了几天，饭菜都坏了，范仲淹也没有吃，同窗十分奇怪。

你为什么不吃我送你的饭菜？

如果我吃了你的饭菜，以后就不习惯粗茶淡饭了。

鲁　**姓来源**　鲁姓来源主要有二：一是出自姬姓。周公姬旦被封在鲁国。战国时，鲁国被楚国灭掉。其公族子孙就以国名为姓，世代相传姓鲁，史称鲁氏正宗。二是由少数民族改姓而来。春秋时期有被后世举为土木工匠祖师的鲁班，以"义不帝秦"而被传颂千古的鲁仲连。三国时任东吴都督的鲁肃。宋代有参知政事鲁宗道。

韦　**姓来源**　韦姓可追溯到上古五帝之一的颛顼。颛顼的后裔有一支名叫元哲的受封于豕韦，子孙于是以国名为姓。另外，西汉大将韩信被杀，他的儿子躲到南粤，取"韩"字的一半"韦"为姓。唐代诗人韦应物是京兆长安（今陕西西安）人。他以五言诗见长，尤以山水田园诗著名。其诗风格秀逸，气韵澄彻，诗品高洁。

昌　**姓来源**　昌姓源起有三：其一系出有熊氏，是黄帝的嫡系胤胄，始祖昌意。其二源于任姓。相传黄帝有二十五个儿子，为四母所生，分化成十二个胞族，分别姓姬、姞、酉（yǒu）、祁、己、滕、箴（zhēn）、荀、任、僖、缳（huán）、依，昌氏是任氏的后代，子孙沿袭至今。其三源于黄帝臣子昌寓，其后世子孙以昌为姓。昌姓名人昌应会，明代莆田人，嘉靖年间汉川知县，县多水患，他轻徭缓赋，斩尽盗贼，因得罪权贵被调往外地，百姓在汉川立生祠来纪念他。

马　**姓来源**　马姓来源主要有三：其一出自嬴姓，始祖为马服君。赵惠文王二十九年，赵奢奉命抗击秦军，获胜后被封在马服，称为马服君。其子孙初以"马服"为姓氏，后去"服"字，就以马为氏。其二出自他姓，如汉有马宫，以仕学扬名，改姓马。其三出自他族改姓。东汉有伏波将军马援，经学家、文学家马融。三国时有名将马超、马良。宋元之际有史学家马端临，经过二十年写成《文献通考》。元代有"元曲四大家"之一的马致远。

巧匠鲁班

鲁班是我国古代有名的能工巧匠，同时也是一位发明家。

鲁班家世代都以工匠为生，他从小就喜欢钻研一些发明创造。

有个王爷想建宫殿。

听别人说你的本领很高，我就把建造宫殿的任务交给你了。

建宫殿需要许多木材，鲁班便让他的徒弟们上山伐木，可伐木的人每人每天只能砍倒一两棵树，还累得精疲力尽。眼看着工期越来越近，鲁班很着急。

咦！这叶子怎么这么锋利，把手指都划破了。

鲁班

鲁班把毛竹刻成叶子的模样，用它去锯小树，小树很快就被锯开一半。

嘣！

鲁班请铁匠打制了一把铁锯，锯起树来又快又准，很快建宫殿的材料就备齐了。

苗 姓来源 春秋时期，公元前五四七年，在若敖之乱中，楚国大夫伯芬因罪被杀，其子贲（bēn）皇逃到晋国后，受到晋国的优待，受封于苗邑（今河南济源县西），贲皇的子孙后代就以封地名为姓。苗姓是楚国王族的后代，因此，苗姓来源于楚国王族之姓。苗发，唐代人，擅长写诗，与吉中孚、司空署、钱起等九人齐名，合称"大历十大才子"。

凤 姓来源 远古黄帝的曾孙帝喾（kù）高辛氏时，以凤鸟氏为历正（官名），专管历法天文，以指导人们按照季节时令耕田种地和收获。他的子孙便以凤为姓，世代相传。凤翕（xī）如，字邻凡，明朝吴县人，以贡生入官。凤山，清朝时满洲人，光绪二十六年任副都统。

花 姓来源 花姓的来源，典籍记载不详，传说较多。唐朝以前，有华姓人以其与"花"字通用，自改为花姓。还有传说金代范用吉改花姓，其后代子孙亦称花氏。《述异记》记载南北朝时有女英雄花木兰。唐代有仓部员外郎花季睦，大将军花敬定。

方 姓来源 方姓来源主要有三：一是出自姬姓，以字为氏，始祖为方叔，史称方姓正宗。二是出自方雷氏及方相氏的后裔。三是出自姬姓。西周昭王的支庶子孙受封于翁山，后代有人以邑为氏姓翁。宋初福建泉州人翁乾度的第四子分姓方，其子孙以方为姓。唐代有诗人方干。宋代有农民起义领袖方腊。元代有文学家方回。明末清初有思想家、科学家方以智。清代有桐城派创始人、散文家方苞。现代有无产阶级革命家方志敏。

方腊起义

宋徽宗时，统治者奢靡无度，横征暴敛，使江浙地区的劳动人民陷入了绝境。

救命啊！

青溪人方腊看到这种情况，就想组织人民起义。

方腊

当地流行的摩尼教只能秘密传教，方腊就利用这件事发动起义，并成为他们的首领。

起义！！

数万人的队伍很快就组成了。

杀啊！

大家赶快参军，壮大我们自己的队伍。

统治者派军镇压，七万起义军英勇就义。

方腊被俘，英勇就义。

俞 姓来源 相传黄帝时有个名医叫俞跗，他医术高明，能动手术为病人洗内脏，除病根。许多垂危的病人经他治疗都痊愈了，所以人们称他为俞（即愈），他的子孙为了纪念先人的医术，就以俞为姓。俞大猷，字志辅，福建晋江（今泉州）人，是明嘉靖时期著名的爱国将领、抗倭英雄。他与戚继光齐名，被称为"俞龙戚虎"。

任 姓来源 任姓非常古老，姓氏来源主要有三：其一，上古黄帝有二十五个儿子，其中有一个姓任，就是任氏的始祖。其二，太昊伏羲氏的后裔封于任地，子孙就以邑名为姓。其三，古代有由"妊"姓衍化而为"任"姓的。西汉有益州刺史任安，御史大夫任敖。唐代有宰相任雅相。金代有书画家任询。元代有水利家、画家任仁发。明代有著名抗倭将领任环。清代有画家任熊、任熏、任伯年。

袁 姓来源 袁姓来源比较纯正，主要出自妫姓，是虞舜之后。相传陈胡公妫满的第十一世孙有个叫诸的，字伯爰，其孙涛涂，以祖父的字命氏，称爰氏。由于当时"爰"和"袁、辕、榱（cuī）、溒（yuān）、援"等字音相同，古义相通，所以后来的子孙就分别以这六个字为姓。东汉有司徒袁安，东汉末年有诸侯袁绍、袁术。晋代有文学家袁宏，音乐家袁山松。唐代有宰相袁智弘。宋代有史学家袁枢。明代有文学家袁宗道，军事家袁崇焕，画家袁江。清代有文学家袁枚。现代有"杂交水稻之父"袁隆平。

柳 姓来源 柳姓先祖是春秋时鲁国大夫展禽，他被谥曰惠，受封于柳下，世称柳下惠。他的子孙就以柳为姓。柳宗元是唐代文学家、哲学家，河东（今山东西永济）人，因官至柳州刺史，世称"柳河东"，与韩愈同为唐代古文运动的倡导者。

官渡之战

东汉末年，袁绍与曹操势力最大。

袁绍急于取得天下，就去攻打曹操。

曹操

曹阿瞒，快快投降！

快出来应战！

曹操先吃了败仗，死守在官渡，不管袁绍怎样骂他，他也不出战。

曹操驻守官渡，许都兵少，我们可奇袭许都，让曹贼首尾难顾。

许攸

袁绍

许攸献计轻军夜袭许都，也不被采纳。

我们粮食多，他们粮食少，只要对峙下去，他们一定会投降。

袁绍

谋士

袁绍哪里肯听。

于是，许攸投奔曹操，告之袁军粮草途径之路，并建议偷袭乌巢重地，使袁绍不战自退。

曹操

曹兵烧了袁军所有粮草。

袁绍迫于无奈进攻官渡，部将以救乌巢为重，分兵两处。曹操集中兵力消灭援军。

曹操再回官渡重击袁绍主力部部，袁绍不敌，率残兵逃回北方。

35

酆

姓来源 出自姬姓，以国名为氏。据《通志·氏族略·以国为氏》所载，文王第十七子受封于酆（fēng）国，称为酆侯，其代后以国为氏。酆寅初，元末明初人，博学多才，不愿入朝做官而隐居，洪武年间任国子司业，后弃官，活至一百零五岁。

鲍

姓来源 古代春秋时，远古大禹的后裔杞国公子敬叔，到齐国出仕，受封为鲍邑（今山东济南市历城区）的首领，其子孙便以封邑为姓，世代相传姓鲍。鲍叔牙，春秋时齐人，敬叔之子，官至宰相。鲍照，南朝宋东海郡人，工诗文，擅长七言诗。

史

姓来源 史姓来源主要有五：一是出自黄帝时创造文字的"史皇"仓颉，他是史官，人称史皇氏，他的后代有一支以官为氏，称史氏。二是出自周太史佚之后，也是以官名为氏。三是隋唐时代"昭武九姓"之一。四是为突厥族阿史那氏所改。五是他族改姓而来。史籀（zhōu），周宣王时书法家，相传他造有籀文（即大篆）。史鱼，春秋时卫国史官，以正直著称。唐代有节度使史思明。史孟麟，明朝理学家，主张以理学为"国本"，以名节相砥砺。史可法，明末抗清名将。现代有著名妇女运动领袖史良。

唐

姓来源 远古时期，三皇之一的尧曾在唐地（今河北唐县）一带当过部落首领，因此，尧也称唐尧。其后人便以地名"唐"为姓。舜执政时，封尧的儿子为唐侯。所以，唐姓是尧的后代。历史上唐姓人才辈出。战国时有魏大夫唐雎。唐代有宰相唐休。明代有画家唐寅，字伯虎，擅长画山水；山东农民起义首领唐赛儿。清末有维新派人物唐才常。现代有军事家唐亮，历史学家唐长儒。

史可法抵抗侵略

明崇祯帝自杀后，清军的气焰一天比一天高。时任兵部尚书的史可法亲自到扬州镇守，大家都叫他史督师。

扬州

后，清军开到扬州城下，清将多铎好几次派人到扬州城里劝降，都被史可法给赶了出来。

走，跟我走！我们坚决不投降！

使者太没礼貌了！你们对

多铎把扬州城围了个水泄不通，史可法把全城的官员都召集起来，鼓励大家守护家园，抵抗清军入侵。

多铎搬来了许多大炮，冲着扬州城一炮接一炮地轰，城墙不一会儿就塌了。

史可法见大势已去，拿起刀想自刎，被手下人及时把刀抢下来。

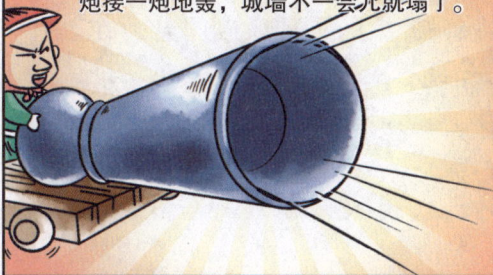

扬州

史可法，来杀我吧！我就是

清兵冲进城来，见到一个衣着华丽的人，就问他是谁。

屠城十日！

多铎嫌他折损的兵力太多，在扬州城内连续屠杀了十天，史称"扬州十日"，真是惨不忍睹！

37

费 **姓来源** 费是夏禹的后代，有一支封在费邑（今山东费县），子孙就以邑名为姓。明代航海家、翻译家费信，他通晓阿拉伯语，追随郑和四次下西洋，担任翻译，著有一本《星槎胜览》，记录了四十五个国家和地区的风貌。现南沙群岛中的费信岛，就是为纪念他而命名的。清代画家费丹旭，擅仕女、人物，尤精肖像，画作有《东轩吟诗图》《姚燮绮图像》《果园感旧图》等传世，著有《依旧草堂遗稿》等。

廉 **姓来源** 廉姓源起有二：一是出自高阳氏，为颛顼的后裔，以祖名为氏，始祖为大廉。二是出自维吾尔族，以官名为氏，始祖为布鲁海牙。廉洁，字子庸，一字子操（或字子曹），春秋末期卫国人，为孔门七十二贤人之一。廉颇，战国时赵国将领，惠文王时，率军大破齐兵，拜为上卿。

岑 **姓来源** 岑（cén）姓源起于西周，周文王封他的异母弟弟姬耀的儿子渠于岑亭（今陕西韩城南），渠的子孙就以国名为姓。另外，岑姓也是少数民族固有姓氏。南朝学者岑之敬，博涉文史，雅有词笔，性谦谨，以笃行著称。唐朝著名诗人岑参，官拜刺史。他工诗歌，长于七言歌行，现存诗作三百六十余首。

薛 **姓来源** 薛姓来源主要有三：一是出自黄帝时的任姓，为奚仲的后裔。奚仲居于薛，称薛侯。其后人以国名"薛"为姓氏，称薛氏。二是出自虞舜的妫姓，为孟尝君（即田文）之后裔。田文被封于薛（今山东滕县），称薛公，号孟尝君。其后人也以薛地为氏，称薛氏。三是由他姓或他族改姓为薛。唐朝有名将薛仁贵，善骑射，屡立战功；有大书法家薛稷，善画人物、鸟兽，画鹤尤其生动，时称一绝，与欧阳询、虞世南、褚遂良并称"唐初四大书法家"。

名将薛仁贵

唐太宗要他为自己打江山。

游击将军

薛仁贵在作战中左冲右突，十分勇猛。

突厥族来侵犯唐朝边境，薛仁贵三箭射死三个突厥将领。从此，薛仁贵美名远扬。

其他人见状，都吓得跪地求饶，以后再也不敢侵犯唐朝了。

薛仁贵！

你们的将军是谁？

突厥兵听到薛仁贵的名字，落荒而逃。

39

雷 姓来源　雷姓源起有四：一为炎帝神农氏的九世孙方雷氏之后，以国名为氏。二为黄帝的臣属雷公之后，以祖名为氏。三为殷纣王有宠臣雷开，其后子孙以雷为氏。四是源自少数民族改姓或少数民族固有姓氏。东汉名臣雷义，官至侍御史，他与同郡人陈重情义深笃，被誉为交友的典范。元代学者雷润德，与其子雷机、雷洪、雷杭俱精于易理，曾为《周易》作注解，世人称为"雷门易"。

贺 姓来源　春秋时，齐桓公有个孙子叫庆克。庆克的儿子用父亲名字中的"庆"为姓。到了东汉时，其后人中有个叫庆纯的人，为了避开汉安帝的父亲刘庆的名讳，将庆改为同义"贺"字。三国时吴有大将军贺齐。隋有右武侯大将军贺若弼。唐有诗人贺知章。宋有诗人贺铸，画家贺真。清有总督贺长龄。现代有无产阶级革命家、军事家、中华人民共和国元帅贺龙。

倪 姓来源　周代有郳（ní）国，被楚所灭，子孙以国名为姓。后来为避仇家，改郳为倪。元末画家倪瓒，号云林子，为"元四家"之一。他经常画平原山林、枯木竹石，以水墨为主，画风幽静淡雅，对文人山水画的发展作出了重要贡献。

汤 姓来源　汤姓是中国历史上第二个奴隶制国家商朝的开国帝王商汤的后代。商汤原名成汤，商汤是他的帝号。他建立了商朝后，他的一部分子孙便以他的字"汤"为姓。明朝戏曲家、文学家汤显祖，列宁称他为"东方莎士比亚"，其代表作"临川四梦"中的《牡丹亭》最为著名。

贺知章乞名

贺知章是唐代著名诗人，少年时就以诗文闻名。

公元 695 年，他考中进士，后改官银青光禄大夫兼正授秘书监，因而人称"贺监"。

天宝初年，他上书朝廷要求告老回乡，唐玄宗批准了。

我有一个儿子，还没有名字，如果陛下能给他起个名字，就是我归乡的荣耀啊！

贺知章回乡前，进宫向唐玄宗告别。唐玄宗问他还有什么要求。

信义是道的核心，"孚"指信义。你的儿子可以取名为"孚"。

告老还乡

时间一长，贺知章觉得"孚"字有些不对劲，后来他终于想明白了。

皇上原来是在取笑我啊！"孚"字是"爪"字下面加个"子"字。他为我的儿子取名为"孚"，那不是管我的儿子叫爪子吗？

41

滕 **姓来源** 滕姓源起有三：其一出自姬姓，为黄帝（姬姓）后裔十二姓氏之一。其二出自姬姓，为周文王姬昌的第十四子错叔秀之后，以国名为氏。其三出自赐姓或少数民族固有姓氏。今土家、苗、蒙古等民族均有此姓。滕文公，战国时期滕国贤君，世称元公，与孟子是同时代人。滕昌佑，五代时画家，擅长画花鸟、蝴蝶、知了、小虫等。滕宗谅，宋朝著名大臣，与范仲淹同年进士，历官殿中丞，后因故被贬守岳州，期间重修了岳阳楼。

殷 **姓来源** 商朝的第二十代君王盘庚将商的都城从奄迁到殷（今河南安阳小屯村）康之家，历史上称为殷商。周武王灭纣后，商朝的遗民就有以殷为姓的了。另外，古代有殷水，也有以水名为姓的。殷季友是唐代长平（今山西高平市西北）人，开元年间任秘书郎，善画人物。

罗 **姓来源** 罗姓来源主要有二：一是出自妘姓，是颛顼帝的孙子祝融氏的后裔。到了周朝时，祝融有子孙被封在宜城（今湖北省宜城县），称为罗国。公元前 690 年，罗国被楚国所灭，罗君的子孙就以国名"罗"为氏。二是出自他族或他姓加入。比如清代爱新觉罗氏中就有的改姓罗。西汉有巨商罗裒（póu）。隋末有幽州总管罗艺。唐代有文学家罗隐，诗人罗邺。明代有小说家罗贯中。清代有著名画家、为"扬州八怪"之一的罗聘。现代有无产阶级革命家、中华人民共和国元帅罗荣桓。

毕 **姓来源** 周文王第十五个儿子姬高受封于毕（今陕西咸阳以北），历史上称为毕公高。他的后代以国名为姓。另外，鲜卑族出连氏也有改姓毕的。宋代发明家毕升，首创活字版印刷术。他发明胶泥活字，一字一印，还研究过木活字排版。活汉字印刷术是我国古代四大发明之一。

罗贯中与《三国演义》

罗贯中，元末明初杰出的小说家。《三国演义》的最早版本是明嘉靖年间刊行的。

《三国志》的故事情节写得很分散。现在社会动乱，我真希望有人能一统政权。我要在此基础上重新加工，以表达我的思想。

《三国演义》讲的是东汉末年和整个三国时代魏、蜀、吴三个封建统治集团之间错综复杂的矛盾和斗争。

书中描写了大大小小近百次战争，却不重复，不呆板，各具特点，充分表现了作者惊人的艺术才能。书中还写了四百多个人物，塑造了很多性格鲜明的艺术形象，如足智多谋的诸葛亮、勇猛豪爽的张飞、刚烈勇敢的关羽、机智好胜的周瑜、狡黠奸诈的曹操等。

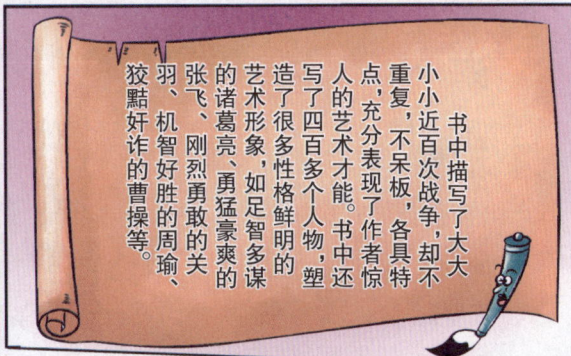

《三国演义》是我国最早出现的历史演义小说。后来，人们竞相仿效，历史演义小说开始大量兴起，不过这些小说都远远不及《三国演义》。

《三国演义》是我国古典文学名著，在我国文学史上占有重要地位。

郝

姓来源 郝姓来源主要有三：一是出自子姓。相传殷商第二十七代天子帝乙，将儿子子期封于太原郝乡，子期的子孙也以地为氏，称郝氏。史称郝氏正宗。二是出自复姓，相传炎帝神农氏又称郝省氏，后来郝氏中可能有源自郝省氏这一支的。三是出自古代南方少数民族姓氏。汉时有太守郝贤。三国魏有将军郝昭。唐代有安边郡王郝廷玉。宋代有画家郝澄，医士郝允。金末有红袄军首领郝定。元代有著名学者郝经，道家郝大通。

邬

姓来源 姓源起主要有二：一是来源于封地，春秋时期，陆终第四子求言，受封于邬（在今河南偃师县），其子孙以受封地名为姓。二是晋大夫邬臧之后，食邑于邬（今山西介休市），其子孙以邑名为姓。 邬大昕，宋朝河源人。任广州金判时，发现东洲与黄木湾之间，交通不便，立即计划施工，将鹿步湖岸凿开，使两地十余里的水路畅通，便利来往行人交通运输。

安

姓来源 安姓来源有三：一是出自姬姓，为黄帝（姬姓）之孙安的后代，以国名为氏。二是唐代"昭武九姓"之一，以其原"安国"国名为氏。三是出自改姓或赐姓。宋代著名石匠安民，技艺精湛，当时著名的碑刻皆出自其手，且品格高尚，不畏权贵。清末著名谏官安维峻，耿直刚毅。曾于中日甲午战争前夕连续上疏六十五道，支持主战派。

常

姓来源 春秋时期，卫国国君卫康叔把他的一个儿子封于常。卫国灭亡后，卫国公族子孙中有以国为姓，也有以地名为姓，被称为常姓正宗。常遇春，明朝名将，曾为朱元璋建立明朝立下了汗马功劳，人们都称他为"常十万"。常澍（shù）田，近现代著名的单弦八角鼓艺人。

郝隆晒书

每年的农历六月初六人们称为"曝晒节"。

郝先生，你怎么这么悠闲啊？

富贵人家把值钱的东西都拿出来，借此炫耀自己的财富。

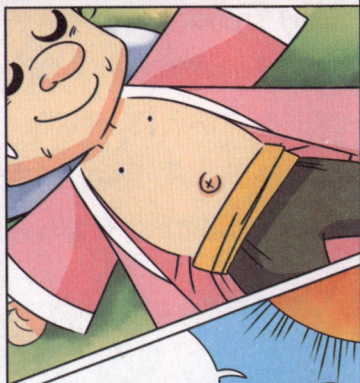

郝隆却躺到草坪上，解开衣服晒肚皮。

郝先生，天气这样热，你为什么晒肚皮啊？

我没什么东西可晒，只得把肚皮里的知识晒一下呀！

呃，这人真怪！

乐

姓来源 乐姓先祖是春秋时宋戴公的儿子公子衍。公子衍，字乐父，其子孙就以祖宗的字为姓。乐毅是战国后期杰出的军事家，曾辅佐燕昭王振兴燕国，报了强齐伐燕之仇。

于

姓来源 周武王灭掉商朝，建立周朝后，大封诸侯国。他分封自己的第三个儿子到邘（yú）邑这个地方，人称其邘叔。后来，他的子孙以地名为姓，去掉了邘字右边的耳旁，为于姓。西汉有于公，以善于断案而成名。明代有杰出的政治家、军事家和著名的民族英雄于谦；有文学名臣于慎行，和冯琦齐名，其诗文弘丽，一时推为大手笔。清有军机大臣于敏中，大臣于成龙。现代有知名的国民党元老、"当代草圣"于右任，东北军将领于学忠等。

时

姓来源 时姓源起有五：一是出自春秋时楚大夫申叔时之后。二是出自子姓，商汤支庶之后。三是出自赢姓。四是据《通志·氏族略》所载，战国时齐国有一著书的贤人时子，其后有以其名中之时为姓。五是出自他族。清满洲人姓，世居沈阳；今满、苗等民族均有此姓。 时苗，巨鹿人，东汉官吏。其为官清正。时溥，唐末将领。

傅

姓来源 傅姓起源有四：一是出于殷商名相傅说的后裔，也即商王武丁发现大臣的地方命名的姓氏。史称傅姓正宗。二是出自姬姓。黄帝裔孙大由（唐侯丹朱之子）封于傅邑，故其子孙便以地为氏，也称傅氏。三是出自赖氏改傅姓。赖氏族人有为楚灵王所害，改罗、傅二氏。四是改姓。清代，有部分满洲贵族改姓傅。傅善祥，近代中国历史上第一位女状元。傅雷，近代翻译巨匠。

神童于谦

于谦是我国明代著名政治家和军事家，他从小就非常聪明。

学堂

父亲发现他是个可塑之才，六岁时就把他送进了学堂。

一天，老师不在，学生们便胡闹起来。

谁知还没等老师说话，于谦就站起来说。

老师，我们的作业做完了，不信你考考我们。

突然，老师回来看到满屋乱糟糟的，要惩罚这群捣蛋鬼。

那好，我们来对对子吧！"手攀屋柱团团转"，于谦，你来对下一句。

脚踏楼梯步步高。

老师见他对答如流，不禁暗自惊奇，心想这小孩将来必定有一番成就。

三跳跳落地。

一飞飞上天。

47

皮 　**姓来源**　春秋时，鲁献公的儿子樊仲皮被封于樊，他的后代就以祖先名字中的皮作为自己的姓。皮日休，唐朝著名的诗人，性情高傲，写的诗大多讥讽贬斥时政。皮锡瑞，清朝时期著名学者，为晚清经学大家之一。

卞 　**姓来源**　卞姓源起有二：一为相传黄帝有个儿子叫龙苗，龙苗生吾融，吾融的儿子被封在卞国（在今山东泗水县东的卞桥镇），史称卞明。其后代子孙以国名为姓，遂成卞氏。二为西周初年，周武王的兄弟曹叔振铎的后代庄因封在卞邑（今山东兖州、泗州附近），他的后代就以邑名为姓。卞大亨，宋代学者，字嘉甫，泰州人。由乡举入太学，升上命。精医卜之书，著有《松隐集》等。

齐 　**姓来源**　齐姓的起源有三：一是出自姜姓，以国名为氏。二是春秋时卫国有大夫名齐子，本为姬姓，其名不可考，齐子为其字。其子孙以祖父之字命姓，成为齐姓一支。三是历史上武都氏族有齐氏。齐天觉，宋代学者，经史子集，无不精通。曾任温州天富知监，后迁知襄阳、宣城二县，再改赣（gàn）州金判。齐白石，著名书画家，号白石。1953 年被授予"人民艺术家"称号。

康 　**姓来源**　康姓来源主要有三：一出自姬姓。周成王的弟弟叔被举为司寇，他死后的谥号是"康"。他的后代便以谥号为氏，称康氏。二是出自西域康居国王子的后裔，他们以国为姓，称康氏。三是他族的加入或因避讳而改康姓。三国时吴有海外旅行家康泰。北宋大将康再遇。明代文学家康海。唐代有琵琶演奏家康昆企。清末有维新派领袖康有为。

皮子秤和皮公斗

唐朝咸通年间，著名诗人皮日休到毗陵就任。在路途上，皮日休遇到了暴雨，只好找地方避雨。

老先生，我到毗陵办事，谁知遇到暴雨，想到您家中避避雨。

快请进！

老人家，今年粮食收成这么好，为什么你们还吃橡子和野菜？

收成好，不如官家的秤和斗好——大进小出。

我们毗陵有这样一句话：粮食一石余，官家只作五斗量！这么个量法，哪里还有我们吃的粮食！

皮日休上任后，立刻检查度量衡器具，罢免贪赃仓吏。并在门前的一边置了一杆公平秤，另一边用大石头刻了一个标准斗。

打击贪官

标准斗

从此，老百姓不用再受贪官剥削了，都高兴地称这秤和斗为"皮子秤"和"皮公斗"。

49

伍

姓来源 伍姓产生于春秋时期。春秋时，楚国有个大臣叫伍参，因他出谋划策，使楚国打败了中原的大国晋国的军队，被封为大夫。伍参便以名字中的"伍"为姓。春秋末期吴国有大夫、军事谋略家伍子胥。汉灵帝时有义士伍孚。晋代有高士伍朝。南北朝时有学者伍安宾。宋代有太常博士伍祐（hù），名将伍隆起。明朝有孝子伍钝，兵部尚书伍文定。

余

姓来源 余姓先祖是春秋时秦国大夫由余，他的后代便以祖先的字为姓。余靖是岭南继张九龄之后的又一名士，是北宋时期著名的政治家、外交家。他自小勤奋好学，博览群书，《史记》、杂家小说、阴阳律历以及佛道之书，无所不通。

元

姓来源 我国的元氏，虽然头绪众多，但仍可归划为两大主流：一支为汉族的周文王之后，一支则为后来被汉族所同化的鲜卑族拓跋氏之后，他们的最初活动地区，都是在黄河流域的河南和河北一带。元结，唐朝时河南（今洛阳市）人，天宝年进士。他继承陈子昂反对六朝骄俪文风的做法，致力于古文写作，是唐代古文运动的先驱者之一，著有《浪说》七篇、《漫记》七篇等。

卜

姓来源 卜姓先祖是周代的官吏卜人。卜人专管占卜吉凶，他们的子孙就以官名为姓。另外，北魏孝文帝改鲜卑族须卜氏为卜氏。春秋时晋人卜商，字子夏，孔子的弟子，"七十二贤"之一。

忠臣伍子胥

伍子胥是春秋时楚国人，他的父亲被听信谗言的楚平王杀害，他偷偷地逃了出来，投奔吴国。

几年，吴王阖闾十分重用他，过了策划下打败了楚国。吴国强大起来，在伍子胥的

伍子胥把楚平王的墓掘开，用鞭子打了尸体三百下。

若干年后，阖闾的儿子夫差当政，他十分迷恋越王勾践送来的美女西施。

陛下，您再这样不理朝政，吴国就要灭亡了，请您多为国家社稷着想啊！

伍子胥

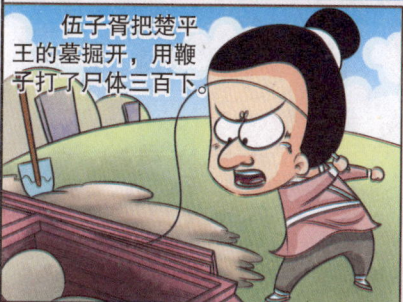

别烦我！

夫差不耐烦了，就赐给他一把剑让他自刎。

伍子胥临死前对儿子交待：

儿啊，我死后把我的眼睛挂在南门，我要看着越国的军队来攻打吴国。我要看着吴国灭亡。

说完，伍子胥便自刎而死。

顾

姓来源 顾姓来源主要有二：一出自昆吾氏。夏代昆吾氏（颛顼帝后裔）有子孙被封于顾国，夏末顾被商汤攻灭，顾君子孙便以国为氏，称顾氏。二出自越王勾践的后裔。勾践的七世孙摇，因助汉灭项羽有功，汉惠帝封他为东海王，后来摇又封自己的儿子为顾余侯，子孙留居会稽，其子孙便以其封号第一字为氏，称顾氏。东晋时有大画家顾恺之。明末有著名政治家、文学家顾炎武。

孟

姓来源 孟姓来源主要出自姬姓。得姓始祖是鲁桓公的庶子庆父。为了避讳庆父弑君之罪，同时"孟"字在兄弟排行次序里代表最大，庆父的子孙就改称孟孙氏，后来又简化为孟氏。这支孟姓出自山东。孟轲之后，以其为本族的荣耀，就尊孟轲为本姓始祖。战国时有著名的哲学家孟轲。东汉有对丈夫"举案齐眉"的孟光。三国时吴国有事母至孝、"哭竹生笋"的孟宗。唐代有诗人孟浩然、孟云卿、孟郊，水利学家孟简。

平

姓来源 平姓源起一是来源于封地，战国时期韩国君韩哀侯，将少子诺封于平邑（今山西临汾市一带），他的子孙就以封地为姓，相传姓平。二是齐国相晏平仲的后代，以其父名为姓，相传姓平。三是陕西平姓，本支为大元太宗英文皇帝窝阔台长子定宗简平皇帝贵由后人。平当，汉朝时平陵人，以明经为博士。平刚，光绪年间秀才，民国之初任同盟会中央总务干事，响应孙中山，参加护法运动。

黄

姓来源 黄姓来源主要有四：一是出自嬴姓，为颛顼曾孙陆终的后代。大约商末周初，在今河南潢川建立黄国，公元前648年被楚所灭，子孙以国为姓，于是有黄姓，史称黄氏正宗。二是据《黄氏族谱》载，十三世石公辅佐周有功，被赐为黄姓。三也是出自嬴姓，是金天氏之后。四是出自古代南方少数民族姓氏。三国时有西蜀名将黄忠，东吴名将黄盖。唐末有农民起义领袖黄巢。北宋有著名诗人黄庭坚。

黄巢大起义

黄巢习得一身好武艺，他更想通过科举考试改变命运。

又落榜了！

革命

当时，各地百姓纷纷起义。黄巢也揭竿而起。

起义

生活无着的农民也纷纷投奔义军。

生活如此困顿，加入起义军吧！

誓死追随黄将军！

围剿

招安　消灭

绝不招安！

大齐政权建立两年后，内部将领叛变，互相内讧。

公元881年，起义军攻占长安，黄巢称帝，国号大齐。

大齐

起义军只好撤离长安，公元884年，起义军失败，黄巢自杀。

和 姓来源　一是传说为尧时掌管天文律法的羲和之后。二是春秋时期，楚国有卞和，曾找到一块玉璞经雕琢果然得到宝玉，称为"和氏璧"。卞和之后有和氏。三是为鲜卑族复姓所改。和峤，晋朝西平人，少有盛名。晋武帝时为黄门侍郎，迁中书令。

穆 姓来源　穆姓先祖为春秋时宋穆公，穆是谥号，子孙以谥号为姓。西汉学者穆生，为大夫。他不饮酒，每设宴，楚元王特为他设醴（甜酒）。楚元王死后，王戊即位，忘记设醴，穆生即称病辞官。

萧 姓来源　萧姓来源主要有二：一出自子姓。春秋时萧邑（今安徽萧县）大夫大心，因平乱有功，受封萧地建立萧国，后为楚所灭，子孙就以国为姓。萧大心是萧氏始祖。其二，萧姓是殷六族之一。历代萧姓名人辈出。西汉有名臣萧何，帮助刘邦建立汉朝。北宋时，契丹族萧氏是一个显贵、庞大的家族。清代有画家萧云从，太平天国领导人之一萧朝贵。近现代有著名京剧演员萧长华，中国共产党早期青年运动领导人之一萧楚女。

尹 姓来源　上古少昊的儿子受封于尹城（今山西隰（xī）县东北一带），子孙以封邑名为姓。另外商、周都有官职叫尹，级别很高。为尹的官员的后代，就有以官名有姓的。尹文是春秋时期齐国人，流传于世的只有《尹文子》一书。《尹文子》旧列名家，今本仅一卷，现存《尹文子》上下两篇，语录与故事混杂。

萧何荐韩信

秦朝末年，刘邦争夺天下时，并不重视韩信。

韩信因得不到重用，找了一个机会，跟随其他将领逃跑了。

吃！

萧何听说韩信走了，来不及向刘邦说明情况，急忙跨上马去追。

像他那样的小将多得是，何必劳你去追呢？

我怎么可能逃走呢？我是去替您追逃走的韩信了。

刘邦以为萧何也逃跑了，急得暴跳如雷，因为萧何可是他的良将。

……

过了两天，萧何带着韩信回来了。

你怎么可以逃走呢？

小将易得，大将难求啊！如果您不想当天下之王，就用不着韩信；如果您想当天下之王，就非得用韩信不可。

于是，刘邦封韩信为大将军。韩信跟随刘邦南征北战，做了汉朝的开国大臣。

55

姚

姓来源　姚姓来源主要有三：一出自妫姓。相传舜是颛顼的后代，因生在姚，其子孙便有以地为氏的，称姚氏。二是出自子姓，春秋时有姚国，为商族后裔，其子孙便以国为氏，称姚氏。三是他族改姓为姚的。唐初有史学家姚思廉，编纂《梁书》《陈书》。陕州硖石人姚崇，历任武则天、睿宗、玄宗三朝宰相，是一位政绩卓著的贤相。明代有姚广孝，是《永乐大典》编修官；还有画家姚绶。清代有文学家姚鼐（nài）、姚莹、姚范、姚燮（xiè）。

邵

姓来源　西周初期大臣召公，是文、武、成、康四朝元老，对周朝的建立和治理都有功劳。他的封地在召（今陕西岐山东县西南），所以称召公。他的后代以国名为姓，又以"召"字加"邑"旁，就是邵姓。宋朝的邵雍，年轻时刻苦好学，后来在洛阳城中过着隐居的生活，是象数学术系统的开山者。他依托《易经》创造出一套"易外别传"的学术理论，对我国的易学研究与发展作出了极大的贡献。

湛

姓来源　湛姓相传是一个源于古代河流和地名的姓氏。在今河南宝丰和济源一带，有一条河流叫湛水，河边建有一个小国叫湛国。后来这一国人都以湛为姓。湛姓得姓后，历史上形成了豫章、新淦等郡望。当代湛姓主要分布在四川省，约占全国湛姓总人口的三分之一。汉代有大司农湛重。明代有经学家湛若水。

汪

姓来源　汪姓来源主要有三：一是出自汪芒氏。上古虞舜及夏代、商代都有汪芒氏古国，其子孙以国名为姓，后单称汪氏。二是出自姬姓。春秋时，鲁成公的庶子满因住在汪（今山东境内），其后人以邑为姓，就是山东汪姓。三也是出自姬姓。西周昭王的支庶子孙后裔，宋初福建泉州人翁乾度的第六子分姓汪，于是其子孙就以汪为姓。清代有医学家汪昂，散文家汪琬，画家汪士慎，女作家汪端。

姚崇巧治蝗虫

唐玄宗年间，崤山以东地区发生严重的蝗灾，一片片庄稼被蝗虫吃光了，甚至连树叶和草叶都没有剩下。

老百姓以为是触犯了天神，忙着祭祀，不敢杀害那些蝗虫。

陛下，古代有除蝗的例子，说明除蝗不会触犯天意。现在让农民去驱除自己地里的蝗虫，每块地点一堆火，把蝗虫烧死后再挖一个大坑埋起来，这样蝗虫不久就会灭绝了。

姚崇

先烧

后埋

这是老天在惩罚我们，我们应该以德行除蝗，怎么可以去杀害那天上天派来惩罚我们的蝗虫呢？

品德好的官员辖区里从来没有蝗虫，你们的辖区里有蝗虫，是不是因为品德差而得罪了上苍呢？

众官一听，都心虚地赶快回去治蝗灾了。

姚崇一想到以前蝗灾过后人吃人的惨况，心里十分担心，于是他又想了一计。

祁 **姓来源** 祁姓先祖有两支：据传其一，黄帝有二十五子，第十四子封在祁地，他的后代以封地为姓。其二，春秋时晋献公的四世孙奚受封于祁（今山西祁县），子孙以邑名为姓。祁奚是春秋时期晋国人，在晋国曾任中军尉，后又任公族大夫。祁宰是宋、金年间名医。祁韵士，清代官吏、地理学家。祁焕，清朝著名画家，善画兰、竹。

毛 **姓来源** 毛姓来源主要有三：一是出自姬姓。周武王封弟弟叔郑于毛国（今陕西岐山、扶风一带），后代就以国名为姓。二亦是出自姬姓。周文王的第九子伯郑被封在毛邑（今河南宜阳县东北一带），其后代子孙就以封邑名命姓。三是由少数民族改姓而来。毛亨，西汉著名学者，相传是古诗学"毛诗学"的开创者，曾经和侄儿毛苌（cháng）一起编辑和注解《毛诗》，就是现在流传下来的《诗经》。毛遂，战国时期薛国人，赵公子平原君的门客，享有"三寸之舌，强于百万之师"的美誉。

禹 **姓来源** 禹姓源起一是出自姬姓。禹因治水有功，被舜选为继承人。舜死后，他继位担任部落联盟领袖。禹的后代子孙就以祖上的名字命氏，称禹氏。二是出自妘姓，以国名为姓。禹祥，明代仁寿县知县，待人接物有礼，为官清廉节俭。禹之鼎，清代画家。他善画供奉内廷，尤工写照，秀媚古雅，为当代第一。许多名人小像都出于他的手笔。

狄 **姓来源** 狄姓产生于两周初期。周武王去世后，周成王即位。他封自己的一个弟弟到狄城这个地方建立了一个诸侯国。于是，他弟弟的子孙们便以城名"狄"为姓。狄仁杰，唐朝武则天时期的宰相，杰出的封建政治家。狄青，宋朝名将，勇猛无比，而且善用谋略。

毛遂自荐

秦国攻打我国，皇上派我去游说楚国相救，可还差一个门客，怎么办？

平原君

毛遂

让我去吧，我不会让您失望的！

平常没有机会让我做出能让您夸奖的事，这次您带上我，就会知道我的才华了。

到了楚国，平原君与门客一同会见楚王，平原君说明了来意，楚王面露难色。

不是我不想帮你们，而是秦国太强大了，如果把战火引到我国来，那我国的百姓和我就要遭殃了。

楚王

急，各位，谁有良策？

大王，您可以不救我们，但您要想一想，假如秦国灭了赵国，他会停止吗？

毛遂从列队中走出说道。

他肯定还会来攻打楚国的，那时您和您的百姓岂不是要遭殃？如果我们团结起来一同抗秦，他就不敢来侵犯了，您要三思而行呀？

楚王沉默了……

楚王思考良久，终于决定一同抗秦，从而解除了赵国将被攻破的危机。

米　**姓来源**　米姓源起有二：一是隋唐时，西域有一个米国（今乌兹别克共和国萨马尔汗的西南），是农牧业国家。当时常有米国人来中原定居，他们以国名为姓氏，后来就形成米氏。二是源自芈姓，宋代米芾自称是先秦时楚国后裔，本姓芈，后改为同音字"米"。米芾，北宋书画家，他的行草得王献之笔意，用笔俊迈，与蔡襄、苏轼、黄庭坚并称"宋四家"，画山水人物，多用水墨点染的泼笔法，自成一家。

贝　**姓来源**　贝姓起源一是以国命名。出自姬姓，是文王庶子姬奭（shì）之后。二是以地名命姓。世居贝丘的人，以地名命姓，遂为贝姓。贝俊，唐代画家，工花鸟，犹工鹰鹘（见《历代名画记》）。贝义渊，南朝梁书法家，吴兴人，书有《梁始兴忠武王萧憺碑》，现存江苏南京，碑文残损过半，留存的字，带有行草笔意，颇为雄雉。

明　**姓来源**　明姓源起有四：一是出自谯明氏。二是出自姬姓。三是出自北魏时的鲜卑族。四是由旻氏改明姓。明克让，隋朝平原人，少好儒雅，博涉书史。三礼礼论，他都有钻研；天文历法、占卜他都深有研究，各得其妙。明山宾，梁代东宫学士，字右若，十三岁的时候已经博通经传，累官至东宫学士，兼国子监祭酒，存世有《吉礼仪注》等二百余卷。

臧　**姓来源**　臧（zāng）姓出自姬姓，是用封地作为姓氏的。春秋时，鲁孝公的儿子彄（kōu），被封到臧邑（今山东境内），称为臧彄。他的后代就用他的封邑名"臧"作为自己的姓氏。臧洪，汉末广陵射阳人，为广陵太守张超郡功曹。臧新同，江苏阜宁人，清时任虎门炮台教练。

米芾装癫索砚

米芾有个爱好，他非常喜欢收藏砚台，为了一台砚，即使在皇帝面前也不顾大雅。

一次，宋徽宗想见识米芾创造的颇具名气的"瘦金体"。

米芾挥毫书写。

津津有味，宋徽宗看得眼放异彩。

米芾见皇上高兴，随即将皇上心爱的砚台装入怀中。

此砚臣已用过，皇上不能再用，请您就赐予我吧？

皇帝见他如此爱砚，便赐予了他。

计

姓来源 计姓源起有三：一是源自姒姓，是禹的后代，以封国为姓。二是出自少昊金天氏，形成于西周初年，系以地名命姓。三是为他姓所改。计礼，明代刑部郎中，字汝和，浮梁人，天顺进士。其画菊，落笔皆用草书法。计楠，清代画家。官函吉安训导，耽著迷，精绘事，尤喜画红梅，时称计红梅，有《一隅草堂稿》。计默，清代诗人，文学家计东之子，濡染家学，以诗文游四方，工入太学，有《菉村诗抄》。

伏

姓来源 伏姓起源一是出自风姓，上古太昊年间伏羲氏的后裔。伏羲氏苗裔，有的用"伏"作为自己的姓氏，遂成伏姓。二是赐为伏姓。伏不齐，春秋时期鲁国单父侯，也称伏子贱，是孔子的学生。伏曼容，南朝宋齐大臣，著名儒仕。

成

姓来源 成姓源起有四：一是出自姬姓，是周文王姬昌的后代，发源于今山东宁阳。二亦出姬姓，发源于今河南范县西濮城北。三是出自芈姓，始祖为成虎。春秋时，楚国君主若敖有公子名成虎，其孙以王父之字为姓，遂为成姓。四是南方少数民族改姓而来。春秋时著名琴师成连，俞伯牙之师。西晋时官吏、文学家成公。清代学者成蓉镜，著有《周易释文例》《尚书历谱》《禹贡班义述》等。

戴

姓来源 源自子姓，是商汤的后代。周朝初年，周公旦平定"管蔡之乱"后，封商朝末代君主纣王的哥哥子启于商的旧都，建立宋国。宋国第十一位君主死后被谥为戴公。他的后世子孙就以谥号"戴"为姓。戴震，清朝著名思想家、学者。他博闻强记，对天文、数学、历史、地理都有研究，曾任《四库全书》的编修官，后人编有《戴氏遗书》。

戴震十岁难师

戴震是清代著名的大学者，从小就爱问问题。

《大学》是一部记录孔子言论的书。它是由曾子记下来的，其中有的话是曾子说的，又由曾子的学生记录下来。

您怎么会知道《大学》是记录孔子和曾子的言论呢？

这是大思想家朱熹讲的。

那孔子、曾子呢？

朱熹是南宋人。

朱熹是什么时期的人？

那春秋与南宋相隔多少年？

孔子、曾子是春秋人。

哇，相隔这久啊！

那两千年后的朱熹怎么就知道《大学》是孔子和曾子的言论呢？

大约两千年。

……

谈

姓来源 一是上古周武王建立周朝后，为追念先圣先王的功德，封殷帝乙长子微子启于谈国，又名为郯（tán）国，传国三十六代至谈君，被楚国灭亡，子孙以国为姓，相传姓谈。二是周朝有大夫籍谈，其后亦有谈氏。历史有谈氏避仇改为谭氏一说。三是源出于己姓，战国初期，郯国被越国所灭，其后代遂以郯为姓（古时"谈""郯"同音通用）。元代诗人谈文理。清代天文历算学家谈泰、画家谈友仁。

宋

姓来源 宋姓起源较单纯，主要出自子姓，其始祖为微子启。周灭商后，周武王把商朝旧都商丘一带封给微子启，建立宋国。战国后期，宋被齐国所灭，宋国子孙便以国名为氏，称为宋氏。宋姓历代名人辈出。战国时有以辞赋著称的宋玉。唐代有诗人宋之问。明代有科学家宋应星。现代有革命党领袖之一的宋教仁，孙中山夫人宋庆龄，蒋介石夫人宋美龄。

茅

姓来源 上古周期时，周公第三子茅叔封于茅，并建立了茅国（今山东省金乡县西北）。到春秋时，茅国为邹国所灭，茅国公族子孙就以国名为姓，世代相传姓茅。茅坤，明朝归安人，喜谈兵事，自负有文武才能，著有《白华楼藏稿》《玉芝山房稿》等。茅星来，清朝归安人，工文辞，才气勃发而有义据。后专攻经史及程朱书，享年七十岁。著有《近思录集注》《钝望文钞》。

庞

姓来源 庞姓源起一是出自姬姓，为毕公高之后，他的后代有人封于庞，子孙就以邑名为姓。二是出自高阳氏，为黄帝之孙颛顼的后代。三是相传襄阳有富盛，好为高屋，乡党引为荣，称之为庞高屋，后遂以庞为姓。四是源自少数民族改姓或少数民族固有姓氏。庞统，东汉末刘备谋士。庞勋，唐末桂林戌卒起义首领。庞安时，北宋医学家。

国之瑰宝宋庆龄

宋庆龄，海南省文昌市人。1915年她和孙中山结婚。

1921年，孙中山在广州就任"中华民国非常大总统"，次年6月陈炯明叛变，炮轰总统府。当时形势十分危急。

中国可以没有我，却不可以没有你。我留下来吸引敌人的火力和注意，你走吧！

1925年3月12日，孙中山在北京病逝，宋庆龄向国内外介绍孙中山的遗嘱，并积极投身于中国人民的大革命。

1926年1月，宋庆龄在国民党第二次全国代表大会上，坚决执行孙中山"联俄、联共、扶助农工"的新三民主义政策，同共产党亲密合作，同国民党右派进行斗争。

1949年中华人民共和国成立，她当选为中央人民政府副主席。随后她进行了大量国务活动，始终关注妇女工作，热情关怀青少年儿童的健康成长。

1981年5月29日，宋庆龄病逝于北京。

65

熊 **姓来源** 黄帝又称有熊氏，后代就以此为姓。另外，商末楚地有一位老人叫鬻（yù）熊，很有学问，曾做过周文王的老师，还著有《鬻子》一书。他的后代就以祖先的名字为姓。熊朋来是元朝文学家、音乐家，著有《五经说》《琴谱》。熊赐履，清朝大臣、政治家，一代学者，著有《经义斋集》。

纪 **姓来源** 纪姓起源于周武王建立周朝后，因追念先圣先王的功德，周武王封炎商的一个后代于纪地，建立了纪国。春秋时期，纪国被灭，纪国公族子孙就以国名为姓，世代相传。纪昀（yún），字晓岚，清朝著名的才子，文学家，任《四库全书》总编纂官。

舒 **姓来源** 舒姓起源有三：一是出自偃姓，为皋陶之后。公元前552年，舒国被灭，子孙以国名为氏，称舒氏。二是出自任姓，为黄帝之后。三是源自少数民族改姓或少数民族固有姓氏。舒元舆，唐代大臣。舒雅，宋代画家，善属文，工绘事，有《山海经图》。舒庆春，笔名老舍，现代小说家、戏剧家、杰出的语言大师。主要作品有小说《骆驼祥子》《四世同堂》，话剧《龙须沟》《茶馆》等。

屈 **姓来源** 春秋时，在我国的长江流域有个比较大的诸侯国楚国。到战国时，楚国是七雄之一。楚武王当政时，封儿子瑕到屈邑当首领。屈瑕的子孙们便以地名"屈"为姓。屈原，战国时楚国人，著有《离骚》《天问》等二十多篇不朽的诗作。屈荡、屈建，著名春秋时楚国大夫。屈盖，战国时期秦国左丞相。屈遇，北宋著名将领。屈复，清朝著名文学家。

才子纪晓岚

纪晓岚是清朝著名的文学家。他博学多才，性格开朗，当时被称为『天下第一才子』。

天下第一才子

乾隆皇帝非常赏识他，就召他入宫讲学。

时间一长，他不免开始思念故乡，想回家看看。

纪晓岚，你讲学为什么心不在焉呀？

微臣思念家乡，还请皇上告假，准许臣回家看看。

行呀，你若对出朕的上联，朕便准你告假回乡。上联是：口十心思，思妻思子思父母。

纪晓岚不假思索地答出。

言身寸谢，谢天谢地谢君王。

乾隆皇帝听纪晓岚的下联对仗十分工整，就准假让纪晓岚回乡看望亲人了。

项 姓来源　项姓来源主要有二：一是出自芈姓，是楚国王族的后裔。春秋时期，楚国公子燕受封于项城（今河南项城县），建立项国，后被齐国所灭，其子孙就以国名项为姓。二是出自姬姓。周代有项国（今河南项城一带），是周的同姓（姬姓）诸侯国，后被楚国所灭，项国国君的子孙便以国名为氏，称项氏。春秋有后世称为"圣人之师"的神童项橐（tuó）。秦末有西楚霸王项羽。唐代有诗人项斯。

祝 姓来源　上古时代，有一种掌管祭祀，通鬼神、问吉凶的官职叫巫祝，其子孙后代有的人就以祖上官职为姓，世代相传姓祝。祝允明，号枝山，明朝书法家、文学家，与唐寅、文征明、徐祯卿一起被称为"吴中四才子"。

董 姓来源　董姓来源主要有三：一是出自己姓。舜封董父（黄帝轩辕氏裔孙）为川侯，并赐以董姓，其后代就以董为氏。二是出自姬姓。周朝大夫辛有的两个儿子在晋国任太史，专门负责考察并收藏晋国典籍史册，他们的子孙世袭史官，以官为氏，称董氏。三也是出自己姓。颛顼裔孙参胡，姓董，其后裔就以姓为氏。西汉有大司马董贤和提出"罢黜百家，独尊儒术"的大学者董仲舒。现代有无产阶级革命家董必武。

梁 姓来源　梁姓起源于以国为姓。东周时，有个叫秦仲的人，他和自己的五个儿子率兵打西戎，收复了不少失地。因战功赫赫，秦仲的小儿子被封在梁地。以后，他的子孙便以地名"梁"为姓。西汉名士梁鸿与妻子孟光有"举案齐眉"的美谈。东汉时还有大书法家梁鹄（hú）。唐代有天文仪器制造家、画家梁令瓒，文学家梁肃。近代有资产阶级改良主义者、维新变法倡导者梁启超。

68

祝枝山写联骂财主

一个财主想找祝枝山写副对联。

祝先生，可否为我写副春联？

他平日好欺压百姓，何不趁这个机会奚落他一下。

祝枝山

明日逢春，好不晦气；
来年倒运，少有余财。
此地，安能居住；
其人，好不悲伤。

岂有止理，我要告祝枝山。

明日逢春好，不晦气；来年倒运少，有余财。此地安，能居住；其人好，不悲伤。这个有错吗？

县令和财主听了，都无话可说，只好让祝枝山离开。

69

杜

姓来源 远古黄帝时，有一个叫杜康的人。此人在日常生活中，发明了酿造酒的技术，被称为是酒的发明者。后世也把酒叫作"杜康"。杜康的后人以其名中的"杜"为姓。东汉有著名的书法家杜操，经学家杜子春。唐朝大诗人杜甫，人称诗圣，世称"老杜"。杜牧，唐代又一个著名文学家，与李商隐一起被称为"小李杜"，中国文坛不朽之作《阿房宫赋》就出自杜牧之手。杜牧的儿子杜荀鹤，在唐末诗名满天下。

阮

姓来源 阮姓起源于殷商时，当时汾水、渭水之间有一个阮国，后来被周文王所灭，子孙就以国名为姓。阮籍，三国时魏国文学家、名士，"竹林七贤"之一。他博览群书，尤好老庄，作有八十余首"咏怀诗"，颇为有名。阮孝绪，南朝梁陈留尉氏人。他仿照《七略》的分类法，撰写了《七录》。

蓝

姓来源 蓝姓源起有四：一是出自芈姓。春秋后期，楚国有个大夫叫亹（wèi），因任蓝县尹，又称蓝尹亹。于是他的后代子孙以"蓝"为姓。二是出自嬴姓，为伯益之后。梁惠王三年，秦子向受命为蓝（即蓝田，今陕西蓝田县）君，他的后代遂以地名为姓，称蓝姓。蓝瑛，明末画家，擅山水，兼工人物、花鸟、兰竹，骨力峭劲，各具意态。世人称他为"浙派殿军"。蓝廷珍，清代福建水师提督。

闵

姓来源 闵姓源自姬姓，据《左传》所载，春秋时，鲁庄公死后，其子继位，号为"闵"，不到两年，被庆父杀害。鲁闵公后代以号为姓。闵子骞，又称闵损，春秋时鲁国大夫，孔子弟子中的七十二贤人之一，其德行与颜渊齐名，被列为中国历史上二十四孝之一。闵鸿，三国吴末学者。闵贞，清朝画家，擅长画人物，风格潇洒活泼。

诗圣杜甫

杜甫，我国唐代伟大的现实主义诗人。

读书破万卷
下笔如有神

他在洛阳遇见了李白，两人结下深厚的友谊。他们的相交，成为了中国文学史上的一段佳话。

安史之乱后，杜甫仕途上不断遭受排挤和打击，长期过着忧伤和困苦的生活。

安史之乱

朱门酒肉臭
路有冻死骨

杜甫的诗，风格沉雄浑厚，感情深刻真挚，语言锤炼凝重，在艺术上有很高的成就。尤其是七律，在他手中已经发展到完美成熟的地步。

杜工部集

杜甫的诗对后世产生了巨大影响。历代诗人都把他的诗奉为学习的典范，尊称他为"诗圣"。他的诗现存一千四百多首，都收入《杜工部集》中。

71

席

姓来源 席姓的来源有二：一是为席师的后代。尧为部落首领的时候，拜了一个自称席氏的老翁为师。席师就是席氏的始祖。二是从籍姓改过来。春秋的时候，晋国有大夫籍谈，传他是秦末项羽的后人，原叫籍镶，因项羽名籍，籍镶为了避项羽的讳，于是将籍改为席，他的后人也跟着改成了席姓。席豫，唐代襄阳人，进士出身，清直无欲，不为权贵所撼。

季

姓来源 季姓源起于春秋时，鲁庄公的弟弟季友平定了庆父之乱，季友的子孙就以他的字命姓，称为季孙氏。季孙氏后来简称季氏，季氏后人就以季为姓。季札，春秋时吴王寿梦的小儿子，品德非常高尚。季羡林，山东临清人，当代学者、著名教授、文学翻译家、印度学和佛学专家。他精通梵文和吐火罗文，堪称一代宗师，著有《季羡林文集》。

麻

姓来源 麻姓源起有二：一是在春秋时齐国有个大夫叫麻婴。他的后代子孙以他名字中的"麻"字命姓，称麻姓。二是在周代时，楚国有熊姓大夫食采于麻（今湖北麻城），其后代子孙以封邑命姓，称麻姓。麻贵，明朝将领，回族，大同右卫人。嘉靖年间，随父征瓦剌，累立战功。以都指挥佥事，充宣府游击将军。麻氏家族多将才，与铁岭李氏被誉为"东李西麻"。

强

姓来源 强姓起源有三：一是出自姜姓，是上古炎帝的后代。春秋时，齐国公族中有个叫公孙强的，他的后人以祖上的名字中的为"强"字命姓。二是历史上的氏族姓氏，是黄帝的后代。黄帝的玄孙叫禺疆，他的后代以"疆"为姓，因古代"疆"与"强"相通，所以后来改为强姓。三是少数民族的一支。唐代有处士强蒙。宋代有进士强至。明代有广昌尹强仕，成化进士强珍，篆刻家强行健。

守节尚义的季札

春秋时，吴王寿梦有四个儿子，季札是最小的一个。他才学过人，且待人宽厚，寿梦一直有意传位给他。

王位应该传给长子，父王请不要对我这么偏爱！

于是，吴王就将王位传给了长子诸樊。

季札我儿啊，父王这次怕是不行了，为父打算让你继承王位，你觉得怎么样呢？

弟弟啊，我走后王位你来继承。

我早就说过不要王位，做人只求为人正派，品德高尚。至于荣华富贵，我都不在意。

后来，季札的二哥、三哥也依次当过吴王，季札始终忠诚地辅佐他们。

就这样，季札最终也没有继承王位，被儒家奉为"守节尚义"的君子。

贾

姓来源　贾姓来源有二，几乎同时产生。一是周康王封堂弟公明于贾地。贾国被晋灭后，公明的后人以国为姓。二是晋灭贾后，晋襄王把贾地赏给狐射。狐射的后人也以贾为姓。西汉有政论家、文学家贾谊，著有《过秦论》。北魏有农学家贾思勰，所著《齐民要术》至今很有影响。唐代有苦吟诗人贾岛，"推敲"典故就是由他的诗句"僧敲月下门"而来。

路

姓来源　路姓源起有六：一是出自姬姓，为黄帝后裔。二是出自姜姓，为炎帝后裔。三是出自妘姓，为陆终后裔。四是出自隗姓，炎帝后裔。五是出自他族。六是出自南宋皇室。路雄，北魏大将。因从军征伐立下大功，官至伏波将军，奉车都尉。

娄

姓来源　楼、娄同源于姒姓，黄帝历五世而生禹，禹治水有功而赐姓姒，受舜禅让而称帝。子启建夏朝。禹第十四世孙桀无道，夏为商所灭。其子仲和仲礼避祸于会稽，改姓娄，子孙遂以娄为姓。娄坚，明代诗人，他经明行修，工诗善书，与同时期的唐时升、陈嘉燧、李流芳的诗刻合集，被称为《嘉定四先生集》。

危

姓来源　危姓起源有三：一源于缙云姓，出自蚩尤后裔三苗族，属于以居邑名称为氏。二源于姬姓，出自西周初期周武王庶子，属于以帝王赐姓为氏。三源于姒姓，出自两汉之际大司空甄丰之子甄寻，属于避难改姓为氏。危全讽，江西抚州南城人，著名唐朝末期将领，地方割据势力首领。危亦林，祖籍抚州，后迁南丰（中国江西南丰），是江西历史上十大名医之一。

诗人贾岛

岛，他非常注重推敲字句。

岛，唐朝时，有个诗人叫贾

鸟宿池边树，僧推月下门。

一天，他走在路上时，忽然想起了两句诗。

这个「推」字不够好，如改为「僧敲月下门」。既是月下的夜里，门早该关上，恐怕推不开了，不

他的右手也不知不觉地随着表演起来：一会儿伸手一推，一会儿举手作敲的姿势。

僧推……
僧敲……

韩愈正巧从这经过，贾岛没有发觉，等到近身，回避已来不及，被带到韩愈马前。

我在想"鸟宿池边树，僧推月下门"，用"僧推"好还是"僧敲"好，想得太入迷了，所以来不及避让，请大人原谅。

韩愈问明原委，不但没有责备贾岛，还称赞他认真的创作态度。

两人于是并骑而行，谈了一些关于诗文写作的问题。从此两人成了朋友。

还是"敲"字好。

江 **姓来源** 江姓来源主要有二：一出自嬴姓。伯益因辅佐大禹治水有功，舜赐他嬴姓。到西周时，伯益的后裔受封于江，成立江国。春秋时，江国被楚所灭。江国的子孙就以国名为姓，称江氏。二出自姬姓，为翁氏所分。宋初，福建泉州人翁乾度的次子处恭，分姓江，他的子孙也姓江。西汉有名士江公，诗经博士江翁。南北朝时南梁有文学家江淹。宋代有诗人江休复，丞相江万里。

童 **姓来源** 童姓源出有二：一源自上古，是黄帝的后代。黄帝之孙叫颛顼，颛顼有个儿子叫老童。他的后世子孙就以祖上名字中的"童"字命姓，称童姓。二出自胥姓。春秋时期，晋国有大夫胥童，他与周朝的权臣栾书、中行偃积怨很深，遂被杀害。他的后人为避仇杀，以祖父名字为姓，改"胥"为"童"，称童姓。童钰（yù），清代诗画家，与同郡刘文蔚等并称"越中七子"，著有《二树山人集》。

颜 **姓来源** 颜姓的先祖是上古陆终。周武王封他的后代于邾。邾国的后裔中有一个人名夷父，字谚，《公羊传》称他为颜公。他的子孙就以颜为姓。另外，周公的儿子伯禽的后代封颜邑，子孙也姓颜，孔子母亲征在就是颜氏之女。颜回，春秋时鲁国贤人，为孔子得意门人，在弟子中最贤。颜真卿，唐代大臣、书法家，其善正、草书，笔力沉着雄浑，为世所宝，称为"颜体"。

郭 **姓来源** 郭姓来源有四：一是出自夏、商时代郭支与郭崇的后代。二是以居处为姓氏。郭，字义为外城，即因住在城外，而以郭为氏。三是出自姬姓，为黄帝姬姓后裔。周武王时，文王虢叔号称"虢公"。因"虢"、"郭"音同，又称"郭公"，其后代就有郭氏。四是出自冒姓或改姓。唐代有著名将领郭子仪。元代有杰出的天文学家、水利学家和数学家郭守敬，主持编制《授时历》，施行达三百六十年，是我国历史上施行最久的历法。现代有杰出的作家、诗人、历史学家、剧作家、考古学家、社会活动家郭沫若。

郭子仪宽厚待人

郭子仪事奉天子忠诚，对待下级，赏罚分明。

在灵州，宦官鱼朝恩派人挖掘他父亲的坟墓。

天子知道后，对此事表示慰问。

臣父的墓，这是上天的谴责，不关别人的事。有人在挖掘。

郭子仪和李光弼的关系不太好。

皇上要郭子仪挑选大将平定河北。

臣认为李光弼是个不可多得的人才！

鱼朝恩又约郭子仪游章敬寺，手下人要他多带几名护卫。

你为什么独自前来？

我相信你的为人。

李光弼却以为郭子仪是借刀杀人，让他去送死。

我甘心赴死，只求你不要再加害我的妻子儿女，好吗？

郭子仪听到他冤枉自己的话后，流着热泪对他说。

国难当头，我器重将军，才点你的将啊！

李光弼听了非常感动。两人手扶手相对行礼，尽释前嫌。

钟 姓来源　钟姓起源有三：一是出自子姓。春秋时宋桓公子御说曾孙伯宗仕晋，食采于钟离，后人多以居地为氏，单称钟氏。二是出自嬴姓。春秋时钟离国被楚吞并，国人称钟离氏，其中有一部分改钟离为钟。三是以官为氏。古代有官司名钟师，掌击钟奏乐。钟姓最早的一支是周朝乐官钟师的后代。钟子期，春秋时期楚国人，精音律。相传伯牙鼓琴，他能分辨是志在高山还是志在流水，被伯牙引为知音。

徐 姓来源　徐姓起源有三：一是出自嬴姓。周敬王八年，徐国被吴国所灭，徐国后裔就以国名为氏，称徐氏。二是据《中华姓氏大全》所载，周公姬旦的长子伯禽，受封于鲁国，管理"殷民六族"，徐姓为其一。三是出自改姓。五代时，李升改姓徐，名知诰，其后代亦以徐为姓。徐霞客，明代杰出的旅行家和游记文作家。徐悲鸿，现代著名画家、美术教育家，中国现代美术的奠基人。

邱 姓来源　西周初年，姜太公被封在齐地为王。姜太公在营丘这个地方建了国都。他的后人以"丘"为姓。清朝雍正时，因避免与孔子的名"丘"相同，朝廷下令把"丘"一律改为"邱"。西汉有文学家丘仲。南梁时有文学家邱迟。唐代有诗人丘为。宋代有抗金将领丘旵，儒学家丘富国。元代有长春真人丘处机，诗人丘一中。明代有太子太师丘福，诗人丘吉。清代有太平军首领"邱老虎"邱朝贵，戏曲家邱园。

骆 姓来源　骆姓来源有四：一是出自姜姓。姜太公之后有公子骆，子孙以名为氏。二是出自嬴姓，以国名为氏。殷纣王时大臣、嬴姓后裔恶来之玄孙曰大骆，大骆长子成建立大骆国，于周厉王时被西戎所灭，其子孙以名为氏。三是春秋时郑大夫王孙骆之后。四是夏禹裔孙少康之后有骆姓。骆宾王，唐代文学家，其诗擅长长篇歌行，内容多写个人哀怨，整炼缜密，为初唐四杰之一，辑有《骆临海全集》。

旅行家徐霞客

徐霞客，明代旅行家、文学家、地理学家。

他从二十二岁起，开始游览祖国的名山大川，做实地考察。

他长年累月地跋涉于崇山峻岭、川流峡谷之中。他还多次遇盗，衣物被抢劫一空。

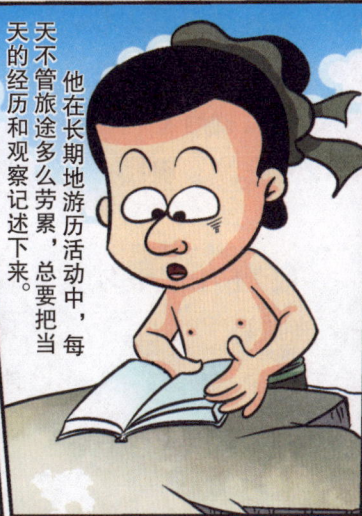

他在长期地游历活动中，每天不管旅途多么劳累，总要把当天的经历和观察记述下来。

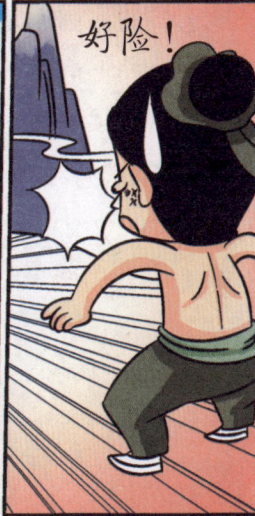

好险！

好冷！

《徐霞客游记》不仅是一部很有价值的地理名著，还是一部出色的文学著作。

高 姓来源 高姓来源主要有四：一是出自姜姓。姜子牙因辅佐周武王灭商有功，被封于齐。传至七世孙公子高的孙子傒，因帮助齐桓公做了国君，被赐以祖父的字为氏，称高傒，他的后代就以高为姓。二是以祖父的字为氏。齐惠公的儿子公子祁，字子高，其后裔也为高氏。三是出自别族、别姓改姓。四是原以"高"开头的复姓改为单姓"高"。战国时期燕人高渐离，刺杀秦始皇未成功被杀。唐朝有著名诗人高适。元代有戏曲家高则诚。清代有世称"扬州八怪"之一的高翔。

夏 姓来源 夏姓来源主要有三：一是出自姒姓。相传夏禹的儿子启建立了中国历史上第一个奴隶制国家——夏朝。夏王族便有以国为氏的，称夏氏。二是出自姒姓，为夏侯氏的后代。夏禹的后裔有被封于侯的，称为夏侯，其后裔以夏为姓，称夏氏。三是出自妫姓。西周初年，武王追封帝舜之后妫满于陈，妫满有后裔名子西，字子夏。其孙征舒以祖父的字为氏，其后就有夏氏。明代有户部尚书夏元吉，画家夏昶（chǎng），爱国诗人夏完淳。现代有革命烈士夏明翰。

蔡 姓来源 周文王第五个儿子名度。他被封在蔡地，被人称作蔡叔度。后来，他判乱失败被流放，但他的儿子胡为人很好。因此，胡被封在了蔡地。后来，胡的后人便以地名"蔡"为姓。蔡伦，东汉宦官，改良了造纸术。蔡邕（yōng），东汉时著名文学家、书法家。他博学多才，爱好辞章，精通音律。

田 姓来源 田姓是从陈姓中分出来的。西周时，诸侯国陈国因立太子的事，引起了内乱。有个叫完的公子逃到了齐国。齐国把他封在田这个地方。他不愿以原国名为姓，就姓田了。战国时齐国有大臣田文，号"孟尝君"，战国四君子之一。战国时有名将田忌，相国田婴，有最早采用火攻战术的大将田单。齐国贵族田横，秦末起兵，重建齐国，楚汉战争中自立为王，后兵败逃亡海岛，此岛后称"田横岛"。

高渐离刺秦

高渐离是战国末燕国人，和荆轲都是燕太子丹的门客，擅长击筑。

荆轲行刺失败后，秦王通缉燕太子丹和他的门客，高渐离便更名改姓隐藏在宋子这个地方当酒保。

那筑的声调有时悠扬，有时沉闷。

每次听到主人家堂上有客人击筑，高渐离就走来走去舍不得离开。

好听！

高渐离拿出自己的筑和衣服，改装整容来到堂前，满座宾客都大吃一惊。

那不是高渐离吗！

秦始皇知道后，就召他进见，有人认出了他。

秦始皇为了听他的筑声，赦免了他的死罪，却熏瞎了他的眼睛。

再次进宫击筑时，高渐离把铅放进筑中。当靠近秦始皇时，举筑掷去，却没有击中。

秦始皇杀了高渐离，终身不敢再接近曾是东方六国的人了。

樊

姓来源　樊姓来源主要有三：一是出自子姓。相传商朝王族的后代传到商纣王时，分成了七个大族，其中有一族姓樊。二是源于周武王曾孙子仲山甫，为国立功，被封于樊（在今河南济源市），其子孙就以封地为姓。三是出自西南少数民族姓氏。樊哙，西汉时沛县人，年轻时以屠狗为业，后随刘邦起义，鸿门宴时，保刘邦脱险，灭秦后，以军功封舞阳侯。东汉时有著名学者樊英、樊志张，御史中丞、巨鹿太守樊准。

胡

姓来源　胡姓源起有三：一是以谥为姓。虞舜的后裔，在西周为诸侯，死后谥为陈胡公，子孙以谥号为姓。二是以国为姓。春秋时期，曾经建立过两个胡国。一个为姬姓胡国，另一个为归姓胡国。胡国灭亡后，子民以国为姓。三是改姓为胡。李唐皇室的后裔胡昌翼为胡三公拯救于危急之中，其后发达，遂为明经胡氏。胡应麟，明朝文学家，著名的藏书家。

凌

姓来源　古代宫廷中夏天所用的冰，都是冬天收藏起来保存在地窖中的，掌管藏冰的官称为凌人。西周卫康叔的后代在周代任凌人，所以他的子孙就以官名为姓。凌瑚，清朝时期的画家，擅长画仕女和花卉禽虫。浙江人以梁同书行楷、钱维乔山水、凌瑚的写生称为"三绝"。凌云，明代御医。凌召文，清朝康熙年的进士，官至礼部侍郎，康熙字典的编修官。

霍

姓来源　周武王的弟弟霍叔与管叔、蔡叔监视殷商后人武庚，称"三监"。但他们却同武庚勾结起来叛乱，失败后霍叔被废为庶人。他的儿子继位霍君。后晋国灭霍，霍君的后人就以故国名为姓。西汉大将霍去病，出身低微。他多次领兵出征，击败匈奴军队，官至骠骑大将军。霍元甲，近代著名爱国武术家，为精武体育会创始人。

樊哙卖狗肉识刘邦

卖狗肉！！！

沛县

樊哙

狗馆

真好吃，我一斤吧！你的狗肉，先赊

刘邦

从今天起，我再也不赊肉你吃了。

樊哙人呢？

没关系，拿去吧！

天长日久，樊哙亏得受不了，只好搬到河东岸去卖。

河东定是有狗肉香，我肯去找他。

刘邦一上岸来，抓起狗肉吃得津津有味。

吃

要

我

我也要！！

河东的居民看刘邦吃得那么高兴，一拥而上把狗肉全给抢光了。从此，樊哙的生意就开始兴隆起来。

干 姓来源　干姓起源有三：一是以国为姓。古代有干国（在江苏扬州一带）。春秋时被吴国所灭，国人便以国名为姓，遂成干氏。二是出自子姓。比干之后，为避祸改姓。春秋时，宋国有一大夫干犨（chōu），他的后代子孙以他的名字中"干"字为姓，亦称干氏，成为干姓的一支。三是以职业为姓。春秋时代吴越康城（今金山卫）集中有大量兵器工匠，以冶炼干戈等兵器为业，匠户便以职业为姓，遂成干氏。干宝，晋代人，所撰《搜神记》为魏、晋志怪小说的代表作。

解 姓来源　解姓起源有三：一是以采食之地邑名为姓。西周初期，周武王的孙子良受封于解邑，良生活采食于解，所以称为良解。他的子孙后代于是以良解的采食之地作为姓氏，成为解氏。二是来源于古代地名。春秋时期周王朝的京畿（jī）分为大解和小解，居住在这两个地方的人后来便以解为姓。三是出自复姓改为单姓而来。南北朝时，北魏有复姓解毗氏，后改为单姓解氏。解桢期，明朝时期书法家，他的书法好，被认为天下第一。后来在朝廷做官，职务为中书舍人。

应 姓来源　应姓起源有三：一是源于姬姓。周武王姬发灭殷商后，将其第四子应叔封于应，称应侯。其后裔子孙多以先祖封国名号为姓氏，称应氏。二是源于官位，出自西周时期应乐史，属于以官职称谓为氏。三是源于其他少数民族，属于汉化改姓。历史上，有西域人、蒙古族冠汉姓为应氏者。应用，后周书法家，江南人。善写细字，微如毛发，曾在一钱上写《心经》，又于一粒芝麻上写"国泰民安"四字。

宗 姓来源　宗姓来源有三：一是以官职命氏。春秋时鲁国有官职称宗伯，负责宗庙祭祀礼仪，有世袭此职者，其后代便以"宗"为姓。二是出自子姓，以祖字为姓。与钟氏皆晋伯宗之后。三是出自偃姓，春秋时有偃姓宗国（今安徽舒城东南），宗子的后代也称宗氏。宗泽，中国宋代抗金大臣，任浙江龙游、山东胶州及登州掖县县令，勤政爱民，治绩卓著，名声远扬，但得不到朝廷的赏识。

民族英雄宗泽

建炎元年，宗泽粉碎金兵的进攻后，准备大举北伐抗金。

宗泽对辽国的降兵降将进行策反，又上书高宗，建议联合各民族共同抗金。

不行，现在时机还成成熟。

宋高宗

眼看自己殚精竭虑筹划的北伐计划已成泡影，宗泽忧愤成疾，病情加剧。

宗泽站在黄河岸边，好想一下子就跨过河去，收复失地。

建炎二年，宗泽在弥留之际，念念不忘北伐，连呼三声"渡河"之后去世。

渡河

85

丁

姓来源 丁姓来源主要有六：一是出自商代丁侯的后裔。二是出自姜姓，姜太公的儿子姜伋，谥号为齐丁公，他的子孙便以谥号为姓氏，称丁氏。三是为孙姓所改，是周文王的姬姓后裔。四是出自子姓。春秋时宋国有大夫宋丁公，死后，其子孙以谥号为姓氏，称丁氏。五是历史上的西域人名中，最后一个字是"丁"的很多，进入中原汉化以后往往改姓丁。六是为于氏所改。秦末项羽有部将丁固。清代有北洋水师提督丁汝昌，地理学家丁谦。

宣

姓来源 宣姓起源一说是来自周厉王的儿子姬静的谥号；一说是来自宋国国君的赐号；一说是来自春秋时期的孙叔孙侨如的谥号。宣温，明朝会稽人，勤奋好学，精通经史，洪武年间被诏，上询以治国之道，被授之为四川参政。宣侠父，原名尧火，浙江诸暨人。民国九年（1920 年）在浙江省台州立甲种水产学校毕业后，赴日本留学，入北海道帝国大学水产专业，著有《西北远征记》《入伍前后》。

贲

姓来源 贲姓起源有很多，主要一支源于姬姓。鲁国有一个贵族叫县贲父，其后裔子孙以先祖名字为姓氏，称贲氏，世代相传至今，史称贲氏正宗之一；有源于戎族，出自春秋时期北戎分支贲浑戎，属于以氏族名称为氏；有源于嬴姓，秦非子之后中有一个叫嬴父的大夫，其封地在贲，因称贲父，其子孙以先祖名字为姓氏，称贲氏。贲姓的名人中有景帝时解说韩婴之《诗》的贲生；汉成帝时以善于星历之学而拜郎的贲丽；光武帝时董宪帐下的大将贲休。

邓

姓来源 商朝时，商王武丁封自己的叔叔曼季侯爵在邓地，建立了小诸侯国邓国，人们称他为邓侯。以后，他的子孙便以国名"邓"作了自己的姓。邓世昌，清朝海军名将，1894 年中日甲午战争爆发后，在黄海海战中，虽弹尽舰伤，仍下令加快速度猛撞敌军的舰队"吉野号"，不幸被鱼雷击中，与全舰官兵二百多人一起壮烈牺牲。

民族英雄丁汝昌

1894年7月，中日甲午战争爆发。

丁汝昌率北洋舰队奋力抵抗。

瞄准日舰，给我狠狠地打！

11月，李鸿章要求暂停攻击，丁汝昌困坐威海港。

同时，日本舰队司令写信劝丁汝昌投降。

反对！

被围困的北洋舰队无法突围，丁汝昌准备炸舰自毁，却遭到贪生怕死的将领的抵制。

这叫我如何是好？

大势已去，我不活了。

丁汝昌自杀谢国，剩下的十一艘军舰被日军掠去，北洋舰队全军覆没。

郁

姓来源 郁姓来源有三：一是大禹之后。相传大禹老师叫郁华，郁华为郁姓始祖，其后裔称郁氏，遂成郁姓。二是古郁国之后。古有郁国（今江苏与浙江省之间），后为春秋时吴国大夫采邑，其后裔以国名为姓氏。三是郁贡之后。春秋时鲁相郁贡之后，其繁衍地在今浙江省之吴兴一带。宋代有名医郁继善。明代有户部尚书郁新、校勘家郁文博。清代有诗人郁植、画家郁文名。

单

姓来源 单姓源出有二：一是出自姬姓。上古周朝时，周成王封少子臻于单邑（今河南省孟津县境），他的子孙便以封地为姓，世代相传姓单。二是出自复姓改单姓而来。南北朝时，北魏鲜卑族有复姓可单氏、阿单氏、渴单氏，入中原后一并改为单姓单氏。单仲升，元代广东省增城人，奉母至孝。母亲去世后，守孝三年，人称孝子。

杭

姓来源 杭姓源出有二：一是出自姒姓。相传夏禹治水大业完成后，在会稽留下很多船只，其子在此处建立了余航国（今浙江余杭）。后来，其子孙就将"航"去舟加木写成"杭"，并自称为杭氏。二是出自抗姓，抗、杭同源，改抗姓为杭姓。汉代东乡侯、长沙太守杭徐，本姓抗，因古代"杭"、"抗"二字通用，他的后代子孙便以杭为姓。杭景，汉代人，祖孙都注重修养身心，谨慎行事，乐于帮助孤寡贫穷的人。

洪

姓来源 洪姓来源主要有四：一是上古炎帝神农氏之后共工的后代。共工的后人为了记住祖先曾做过水神，就给共字加上水旁，作为姓氏，这就是洪姓。二是以国为氏。西周时，有人被封到共（今河南辉县），建立共国，称为共伯。共伯的后代就用国名"共"作为自己的姓氏。后来因为避仇改为洪姓。三是为避讳改姓洪。四是少数民族姓氏或改姓。南宋有忠臣洪皓及其儿子"三洪"（金石学家洪适、进士洪遵、翰林学士洪迈）。清代有太平天国领袖洪秀全。

太平天国

纤上帝教

1843年，洪秀全创立拜上帝会。

1845年，洪秀全写出了宣传平等观念和消灭"阎罗妖"的革命思想的书。

1851年，洪秀全发动了金田起义，建国号太平天国，定都南京，并颁布了《天朝田亩制度》。

天朝田亩制度

无处不均匀

无人不饱暖

不久，太平天国内部发生内讧，翼王石达开负气出走。

洪秀全开始重用陈玉成、李秀成等后起良将，力使太平天国度过难关。

1863年冬，清军围困南京，城内粮尽援绝。洪秀全拒绝突围，次年三月病卒。

包 **姓来源** 包姓来源较为单一。楚国大夫申包胥，在吴军攻楚时，去秦国救援，他站在秦国朝廷上哭了七天七夜，滴水不进，最终感动了秦哀公，终于出兵救楚。他的子孙以其名字中的"包"字为姓。包拯是中国历史上著名的清官。包拯之名，成为清廉的象征。他刚正不阿，为民申冤，惩治权贵，树立了清正廉洁官员的榜样。

诸 **姓来源** 诸姓源起有三：一是秦朝末期，无诸助刘邦打败项羽，刘邦封无诸为闽越王。其后代以其名字作为姓氏，形成诸姓。二是赵匡胤发动陈桥兵变建立宋朝后，后周贵族诸葛十朋不愿别人打听到他，就改姓名诸十朋，隐居在会稽山中，其后代于是改姓诸了。三是春秋时期鲁国有一个诸邑（今山东省诸城南），人民皆采食于此。其后代便以封邑"诸"为姓。明洪武年间有诸质、诸弘道，著有《今古句沉》的诸茂卿、能诗善画的诸祖潜等。

左 **姓来源** 左姓源出有三：一是以官名为氏。据《吕览》载，黄帝时有小臣左彻，为左姓的始祖。二是出自姜姓，为春秋时齐国公族的后代。齐国君主的儿子有左公子和右公子之分。左公子的后代便以左字为姓，形成左氏。三是以职官为姓。春秋时，各诸侯国大都置有左史官，其后便以左为氏。如楚威王有左史官倚相；周穆王有左史戎夫，他们皆为左氏之祖。左宗棠，湖南省湘阴人，清朝大臣，1860年~1865年镇压太平军功勋卓著。

石 **姓来源** 春秋时，卫国有个大臣叫石碏（què）。他大义灭亲，设计杀了谋反的王爷和儿子石厚。石厚的儿子骀仲就以祖父的名字中的"石"字作了自己的姓，并传给了后代。西晋时有荆州刺史石崇。东晋时有建立了赵国的石勒。五代时有建立后晋的石敬瑭。宋代有名将石守信，词人石延年。元代有宰相石天麟，戏曲家石君宝。清代有著名画家石涛，医学家石芾（fú）南。清末太平天国军事将领石达开。

大渡河畔

石达开是太平天国首领之中最年轻的一位。

在太平天国的后期，石达开为了避免内部的火拼，率领十万大军西征。

他进入四川安顺场，打算渡过大渡河，进攻成都。

清军已在北岸布防，并买通了大渡河南岸的土司，截断了太平军部队首尾。

石达开进退无路，幻想以个人之死，换取清军对其部属的赦免。

没想到清军捆住了石达开，并杀掉了全部士兵。

石达开被解送到成都，于6月26日遇害。

崔 **姓来源** 崔姓起源较为单一。春秋时，齐国的开国君主叫吕尚。吕尚的孙子有个叫季子的。本来应该继承君位，但他却把君位让给了弟弟叔乙，自己则隐居到崔地。他的后人以邑为姓，姓崔。北魏有史学家崔宏，经学家崔灵恩。唐代有诗人崔颢（hào）、崔国辅、崔护。宋代有画家崔白，经学家崔子方。元代有书画家崔彦辉。明末有画家崔子忠。清代有学者崔述。近代有经学家崔适。

吉 **姓来源** 吉姓起源有二：一是出自姞姓所改。远古黄帝有个裔孙叫伯儵（shū），受封于南燕国（今河南省延津县东北一带），赐姓姞。后来他的子孙省去女旁，遂成吉氏，世代相传姓吉。二是出自姬姓。上古周宣王有个贤臣叫尹吉甫，他的支庶后代以祖字为姓，世代相传姓吉。吉中孚，唐代鄱阳人，大历十才子之一。吉鸿昌，河南省扶沟县吕潭镇人，著名抗日将领。

钮 **姓来源** 钮姓始祖为钮宣义。春秋时期，钮宣义任吴国从卫都骑卫（军队统领），因其祖上为专职从事钮柄制作的"百工之长"，故以技艺为姓。钮姓至今已有两千多年的历史。钮克让，元朝时的文官，治理百姓出于善心，深受百姓赞誉而被记入史书。钮福畴，清代诗人，工词翰，有《亦有秋斋诗钞》。

龚 **姓来源** 龚姓起源有二：一是出自黄帝之臣共工氏的后裔。黄帝之臣共工氏在黄帝时为水官。其后有一支开始以单字"共"为整个家族的姓氏。其后裔又再加龙字改成"龚"氏，遂演变成龚姓。二是出自古共国之后。商代诸侯国共国因侵犯周而受文王姬昌的讨伐，被周文王姬昌所灭。共国灭亡后，其子孙以故国名为氏，就是共氏。后演变为龚姓。龚自珍，龚姓历史上最杰出的人物，清代著名的思想家、文学家，著作辑成《龚自珍全集》。

人面桃花

字画坊

崔护是唐朝著名诗人。

有一天，崔护在一家字画坊看到一幅农家小院的画面。

次年清明节，他见一家农舍跟字画坊中的画面很相似。

崔护敲门而入。

他向农舍女主人讨了一碗水喝，并记住了女主人的声音和容颜。

第二年清明时，他又来到那间农舍，屋门紧闭，只有周围的桃花依旧。

崔护沉思……

去年今日此门中，
人面桃花相映红。
人面不知何处去，
桃花依旧笑春风。

程

姓来源 程姓来源比较独特。相传上古时民间祭祀五花八门，神鬼不分，社会很不安定。后来颛顼派他的两个孙子分掌天地。哥哥重掌握祭祀天上的神灵，弟弟黎治理山川土地和民政事务。重的后裔于周朝时封在程国，子孙就以国名为姓。程颢与其弟程颐同为宋代理学的主要奠基者。因他们长期讲学于洛阳，故世称其学为"洛学"。

嵇

姓来源 相传夏禹曾在会稽一带召集天下诸侯开会，讨论治国之道。禹有一支子孙封在会稽主持禹庙的祭祀，称会稽氏。西汉初年，会稽氏被迁往谯郡嵇（jī）山（今安徽亳县），于是改为嵇氏。晋代文学家、音乐家嵇康，博学多才，弹琴咏诗都很出色。

邢

姓来源 古老的邢姓来源有二：一是出自制礼作乐的周公姬旦的后裔。成王封周公姬旦第四子靖渊于邢（今河北省邢台市），建立邢国。后邢国被卫所灭，其子孙以故国名为姓氏。二是少数民族有的改为邢姓。邢峦，北魏官吏、学者。博览书传，有文才干略。邢澍，甘肃省阶州人，清代官吏、史学家。

滑

姓来源 滑姓来源有二：一是以国为氏。古代有滑国，姬姓，为周的同族，建都于滑（今河南省睢县西北）。后迁都于费（今河南省偃师市西南，缑氏镇），后为晋所灭，其子孙以故国名为姓。二是出自箴姓。黄帝有二十五子，得姓者十二人，其中箴姓之裔封于滑（今河南睢县西北滑亭），春秋时为秦所灭，其子孙遂以滑为姓。滑寿，元朝末年的医学家，他精通《素问》《难经》，还著有《读伤寒论抄》等多种医书。

程婴救孤

唯独赵朔的妻子躲进皇宫才幸免于难,后来她生了一个男孩。

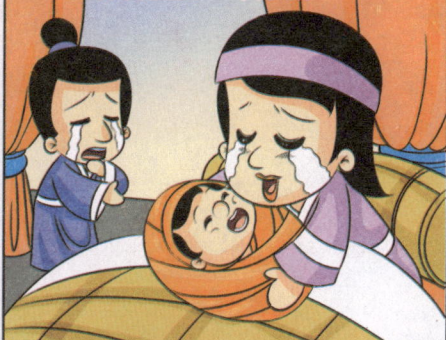

春秋时,晋国奸臣屠岸贾鼓动晋景公杀了赵朔全家。

尽杀绝!我要赶

赵朔的门客程婴闻讯,把婴儿从宫中偷出来。

逃

程婴把赵家婴儿与自己刚出生的儿子调换后交给公孙杵臼,叫他逃得越远越好。

程婴

公孙杵臼

公孙杵臼带着赵氏赵家孤儿逃跑了!

程婴

屠岸贾派人追杀了公孙杵臼。

又命人摔死了婴儿。

从此,程婴背上了忘恩负义的骂名。

大后,赵氏孤儿在程家长大,杀了屠岸贾。

我的任务完成了,可以去追随赵朔和公孙杵臼去了。

95

裴

姓来源　裴姓源出有二：一是出自嬴姓。伯益的后裔有个叫飞廉的，其六世孙为苹陵，在周僖王时被封为解邑君，他就去掉邑字，改加衣字，称为裴姓。二是源于周朝秦国。秦国先公非子，史称秦非子。秦非子的后代中有人被封为侯爵，并被封为裴乡首领，称裴乡侯。其子孙便以封邑为姓，称裴姓。西晋地图学家裴秀，所著《禹贡地域图》十八篇是我国第一部关于地图学说的专著，被誉为"中国制图学之父"。

陆

姓来源　远古时，三皇之一的颛顼有个孙子叫吴回，吴回有个儿子叫终。终被封在陆乡（今山东平原一带），所以，终又叫陆终。他的后人就以地名"陆"作为姓。陆机，西晋时期著名的文学家、书法家。陆游，南宋著名的诗人，一生创作了很多诗歌，现存有九千多首，为我国现有存诗最多的诗人。

荣

姓来源　远古时期，有个叫荣援的音乐家。他为黄帝铸造了十二个铜钟，用来演奏黄帝的乐曲《咸池》。黄帝听后非常高兴，就封他为荣国的国君。他的子孙便以国为姓。春秋时代有名士荣启期，楚国有大夫荣黄，鲁国有名士、孔子弟子荣紫。隋朝有侍御使荣毗。明代有勇士荣华。清代有诗人、画家荣涟。

翁

姓来源　翁姓源起有二：一是源于姒姓。启为夏朝初建时期的君王，有个贵族叫翁难乙，相传为翁氏最古老的祖先。二是源于姬姓。周昭王姬瑕的庶幼子左手手纹像个"公"字，右手手纹像个"羽"字，合起来成个"翁"字，周昭王即赐姓翁，取名弘，成为翁氏始祖。翁肃，字彦恭，宋代崇安人，官至朝散大夫，与翁彦约、翁彦深、翁彦国三兄弟及翁延庆、翁蒙之同姓同乡同朝，皆居高官，时称六桂同芳。

爱国诗人陆游

陆游是南宋杰出的爱国诗人。他的诗篇流传至今的有九千多首，这些诗大多与抗击外族侵略有关。

陆游从小勤奋好学，特别喜欢攻读兵书，学练剑术。

父亲与人谈话，他总坐在一旁倾听。

失败

成年后，陆游当了官，积极投身到抗击外族入侵的战斗中。

但由于主和派的官吏将他罢免，他报国无门，只能用诗句来表达自己的爱国之情。

主战 VS 主和

数年后

父亲，您在写什么啊？

死去元知万事空
但悲不见九州同
王师北定中原日
家祭勿忘告乃翁

车

姓来源 车姓来源有五：一是出自妫姓。汉武帝时的丞相田千秋因年老得乘小车出入宫廷，人们称他为"车丞相"，其子孙以车为姓。二是出自嬴姓。春秋时秦国子车氏之后有车姓。三是相传黄帝之臣车区占星气，据传乃车姓之始。四是赐姓而来。明朝时邠州指挥使车言，本姓信，洪武年间有军功，赐姓车。五是出自他族。车若水，宋代学者，工古文与诗，有《宇宙略记》《世运录》《道统录》《玉峰冗稿》《脚气集》。

侯

姓来源 侯姓来源主要有四：一是出自姒姓。相传夏禹的后裔有被封于侯的，子孙以地为氏，称为侯氏。二是出自姬姓。春秋时期晋国的公族晋哀侯和他的弟弟晋湣侯被晋武公所杀，其子孙以祖先的爵位为姓，即为侯姓。三是来自叔段。春秋时郑国的叔段因谋反被哥哥庄公讨伐，他逃到共，被称做共叔段。他死后，郑庄公赐其子孙共仲为侯氏。四是魏晋南北朝时期少数民族将复姓改为侯姓。侯嬴，战国时魏国人，曾替信陵君设计窃符救赵。

宓

姓来源 宓（mì）姓始于远古始祖伏羲氏。在古代，因"宓"字和"伏"字通用，伏姓也叫宓姓，其后子孙称宓姓。宓妃，上古时期伏羲的女儿，溺死于洛水，相传为洛水之神。宓不齐，春秋时期鲁国单父侯，也称为宓子贱，孔子的学生。宓生，汉代人，也叫做伏生，为宓不齐的后人。

蓬

姓来源 蓬姓源出有二：一是出自姬姓，以地名为氏。西周时期，周天子封支子于蓬州，建立了蓬国。后来蓬国的王族就以国名为姓氏，称为蓬氏。二是出自以植物草名为氏。春秋时期晋国有一位蓬球，是北海人，生活在长满蓬草的丛林地带，指草为氏，称蓬姓。蓬萌，后汉时期北海人，为人耿直。

窃符救赵

秦昭王进兵包围赵国首都邯郸，赵惠文王的弟弟平原君的夫人写信向魏王和信陵君求救。

魏王派晋鄙将军带兵援赵，却在邺城按兵不动。

我们可以通过魏王身边的如姬来盗取晋鄙的兵符。

信陵君

侯赢

只要你们找到杀我父亲的凶手，我就帮你们偷取兵符。

如姬

娘娘，您的仇人信陵君已经帮您找到，随您处置。

侯赢

晕，我的头好晕……

大王，我们喝一杯吧？

信陵君终于拿到了兵符，他带着大力士朱亥骗过晋鄙，带着大军向赵国奔去。

在魏赵两国军队的夹击下，秦军大败。

全 姓来源　周朝管理货币的官署叫泉府。世袭泉府长官职务的人，后代就以"泉"为姓。"泉""全"音同通用，所以又写成"全"，称全氏。全祖望，字绍衣，号谢山，鄞县（今浙江宁波）人，清代浙东学派的重要代表，著名的史学家、文学家。

郗 姓来源　郗（xī）姓源出纯正：出自上古姬姓，是黄帝的后裔，以邑名为氏。黄帝之子玄嚣，其后代有叫苏忿生的，周武王时官至司寇，负责诉讼事宜，有清正之声。苏忿生支庶子受封于郗邑（今河南省泌阳县），其后人遂以封邑命姓，称为郗姓。郗虑，三国时高平人，曾任光禄勋、御史大夫，因受学于郑玄，故学识过人。

班 姓来源　春秋时，相传楚王若敖的一个孙子曾经失落在大山中。有只母老虎喂他吃奶。后来，他取名子文，又名斗班。二者都是指老虎的斑纹。于是，他的后人就以"班"为姓。班固，东汉著名的文学家和史学家，著有《汉书》。班超，东汉著名的外交家和军事家，多次出使西域，被任命为西域都护，封为定远侯。

仰 姓来源　仰姓源起有二：一是出自上古虞舜为帝时的大臣仰延之后。仰延精通音乐，当时瑟为八弦，他改造为二十五弦，为一大发明。仰延的后人，以祖上的字为姓，遂成仰姓。二是出自嬴姓，为秦惠帝之子公子印之后。印，古为仰字的右半部。其支庶子孙以祖字为姓，加一人旁，遂成仰姓。仰忻，宋代孝子。仰瞻，明朝著名刑官，于永乐年间任大理丞，以执法严明而得后世年景仰。仰仁谦，宋代廉吏。

100

弃笔从戎

班超的哥哥班固在洛阳为官时,班超和妹妹班昭以帮别人抄书赚钱补贴家用。

时间长了,班超有点不安分了。

大丈夫无它志略,犹当效傅介子、张骞立功异域,以取封侯,安能久事笔研间乎?

你怎能有如此气慨,这不是一般人能做得到的事!

在一旁抄书的老人笑他。

班超两次出使西域,为平定西域,促进民族融合,做出了巨大贡献。

班超功成名就后不居功自傲,更不为名利而战,其为军人之表率。

101

秋 姓来源　秋姓起源于上古，相传为黄帝后裔少昊（hào）的后代。少昊为帝喾之子，黄帝裔玄孙。少昊后裔至春秋时，有鲁国大夫仲孙湫，其裔孙有个叫胡的，世称湫胡，在陈国当卿士，其支庶子孙以祖父之字去水为秋姓，称为秋氏。另还有以职官为姓，源于西周。西周时置司寇，当时称为秋官，后代便以官名为姓，称秋氏。秋瑾，清末女革命家、诗人，通经史，工诗词，善骑射击剑。

仲 姓来源　仲姓源出有四：一是以人名为氏。黄帝有曾孙，号高辛氏，有"八才子"，其中有仲堪、仲熊两兄弟的后代子孙，以"仲"字为姓。二是出自任姓。商朝开国君王汤的佐相仲虺（huī），本奚仲之后。仲虺之后以祖字命姓，遂为仲姓。三是出自姬姓。春秋时鲁国公子庆公，字公仲，其子孙为避仇者，以其字为姓，称仲氏。四是出自子姓。宋庄公的儿子字子仲，子仲的子孙以"仲"为姓。仲由，春秋时鲁国人，字子路，孔子的得意弟子。

伊 姓来源　伊姓起源有三：一是源于上古。相传，古帝唐尧生于伊祁山，他出生时，寄养于伊侯长孺家，他的后代便以伊为姓，称伊氏。二是为伊尹之后。商朝大臣伊尹，曾居在伊川，他的后世子孙，以其居住地名"伊"为姓。三是为历史上伊娄氏所改。后魏鲜卑族有可汗拓跋邻，其六弟为伊娄氏，后分为二姓，一姓伊，一姓娄。伊秉绶，清书法家，其行草书效仿王羲之、颜真卿，笔致凝炼有力。

宫 姓来源　宫姓源于姬姓，武王姬发伐商建立周朝，分封天下诸侯时，封同一曾祖的族侄仲为虞君，是为虞仲。又封虞仲之子为郜（gōng）国之君，郜国传数世即为晋国所灭。宫之奇原姓姬，是郜国后世国君的族人。郜国被晋国灭时，他离郜奔虞国，将郜字去右耳，改姓宫，名之奇。从此以后，即有了宫姓。明末清初，江苏省泰州市宫氏一族，以科举起家，造就了宫氏大家庭的又一辉煌。

巾帼英雄秋瑾

秋瑾出生于福建厦门。

我们女孩子，没地位，没自由，好像笼子里的小鸟。

秋瑾表妹

秋瑾

爹，您太封建了。

女子的聪明才智不一定比男子差，只是因为女子没有机会读书，不能独立。我们应该立志图强。

秋瑾

瑾儿，今天读《女诫》了没有？

秋瑾父亲

看过了，我还看了《史记》《汉书》。

女子无才便是德，你看的那些没有用。

班昭、蔡文姬、李清照都是才女。

我不理你了，我到前堂迎客去了。

父亲没料到女儿竟敢当面顶撞他，自己找了个台阶下。

对，发脾气，能让人信服吗？

不对就是不

103

甘　**姓来源**　甘姓有三大来源：一是夏朝时有个甘国，国君的后人以国名为姓。二是商朝时，宰相甘盘的后人以他名字中的"甘"为姓。三是周武王时，封同族人于甘地者，称为甘伯。甘伯的后人以地名"甘"为姓。甘罗，战国时楚国下蔡人，著名的少年政治家。他是秦国丞相甘茂的后代，从小聪明过人，十二岁就被封为上卿。甘美，东汉时著名的外交家。

钭　**姓来源**　钭（tǒu）姓来源纯正，源姓出自姜姓，为炎帝之后，以器皿为氏。战国时，田氏代齐之后，原来齐国的国君康公被放逐到海上，生活十分艰苦，居洞穴，食野菜，以青铜酒器钭作釜锅，用以烹煮食物。因此，其支庶子孙后来便以青铜酒器钭为姓，称为钭氏。钭滔，著名北宋初期大臣。五代十国末期任吴越政权的处州刺史，至北宋朝初期继续担任处州刺史。

厉　**姓来源**　厉姓来源有四：一是以谥号为姓。齐国君主姜无忌去世，谥号为"厉"，史称齐厉公。齐厉公的直庶子孙以谥号为姓，遂成厉氏。二是以封国名为姓。春秋时周朝诸侯国厉国改名为随国。原厉国君主的后代以原国名为姓，成为厉姓的一支。三是孙姓改为厉姓。三国时，吴国皇帝孙皓追改宗室孙秀姓厉。四是李姓改为厉姓。李隆基执政后，追改李晋族人为厉姓，不准其恢复李氏。厉仲芳，宋朝将官，文武双全，发明制造了一种叫"九牛弩"的战车。

戎　**姓来源**　戎姓来源有三：一是以封国国名为氏。周朝时有戎国，为齐国附庸。戎国灭亡之后，其公族后裔以国名为姓，遂为戎氏。二是以职官为氏。周朝时有掌管军械的官员名戎右，其后代子孙亦称戎氏，成为戎姓一支。三是出自宋微子之后。上古周朝时，周成王平定武庚叛乱后，把商的旧都周围的地区分封给纣王的庶兄微子启，定国号为宋，建都于商丘，其后世子孙以戎为姓。戎赐，辅助汉高祖刘邦开创天下时的功臣。

小甘罗
出使赵国

甘罗十二岁时在秦相吕不韦的门下做门客。一次，甘罗征得吕不韦的同意，出使赵国。

赵王：秦国没有人了吗？让一个小孩子来！

秦王认为这是件小事，所以派我来了。

现在燕国派太子到秦国做人质，说明燕国不欺骗秦国；秦国派张唐到燕国为丞相，说明秦国不欺骗燕国。燕国、秦国互不欺骗，赵国就危险了！

那我有什么与关系呢？

你这次到赵国来究竟有什么事呢？

大王如果送给秦国五座城池，秦王一定会很高兴。你再请求遣回燕太子断绝秦燕之好，这样你就可以放心攻打燕国了。

呵呵，赏甘罗黄金百两，五座城池的地图也让他带回秦国。我就可以得到燕国的土地了。

甘罗不费吹灰之力赚回五座城池。

祖 姓来源 祖姓产生于商代。商朝曾有三位商王，他们的名字叫祖甲、祖乙、祖丁。另外，商代还曾有两位宰相。分别是祖己和祖伊。这三位商王和两位宰相的后人都取"祖"字为姓。祖逖，晋朝著名北伐将领。祖冲之，南北朝时期著名的科学家。

武 姓来源 武姓来源主要有六：一是出自姬姓。得姓于周平王之子姬武，史称武姓正宗。二是出自夏臣武罗。三是出自子姓，为商王武丁之后。又一种说法是，春秋时宋戴公之子司空，死后谥号为"武"，史称宋武公，其子孙以其谥号为氏。四是汉朝有武强王梁，其后代因封地"武强"简为武氏。五是由复姓武安氏和武疆氏所改。六是出自唐代的冒姓或赐姓。唐代有女皇武则天。北宋有画家武宗元。元代有戏曲家武汉臣。明代有医学家武之望，名士武元直。清代有经史考据家武亿，武式太极拳创始人武禹襄。

符 姓来源 符姓来源于姬姓，周族始祖后稷的后代，以官名为氏。战国时，鲁国被楚国灭掉以后，末代君王鲁国倾公有个孙子叫公雅，后来在秦国担任符玺令，其后人便以符为姓。汉代有符乾仁，方士，著有《修真秘录》；符季真，陈留国国相；符子，学者，著有《符子》。晋代有符表，孝子，齐郡太守，符季真之孙；符融，浚仪人，光禄大夫；符朗，诗人。

刘 姓来源 刘姓来源主要有三：一是出自祁姓，相传尧的后世子孙中有叫刘累的，为夏后氏六世孙夏帝孔甲养龙。由于饲养不善，死了一条雌龙，刘累怕孔甲治罪，就偷偷带着家眷从今河南偃师逃到河南鲁山县躲了起来。刘累的子孙就以刘为姓氏。二是出自姬姓。周成王封王季之子于刘邑，以邑为氏。三是出自他姓、他族改姓。刘邦建立了西汉王朝，刘秀又建立东汉。现代有无产阶级革命家刘志丹，无产阶级革命家、政治家和理论家刘少奇。

景

姓来源　景姓来源有四：一是出自芈姓。二是出自战国时期的齐国。春秋周敬王时，齐国君主杵臼（jiù）去世，谥号为"景"，史称齐景公，其支子即以谥号之"景"为氏。三是出自改姓、冒姓。四是少数民族中的景姓。景阳，战国时楚将。景焕，北宋人，著有《野人寒语》《牧竖闲谈》等。明代有御史大夫景清、临漳令景芳。清代有书法家、学者景星杓。

詹

姓来源　周朝的时候，有个诸侯国叫詹国，詹国国君的爵位是侯爵。这个爵位可以世代承袭。詹国国君的家族后代就用国名"詹"作为自己的姓。詹天佑，近代著名的工程师。1905 年～1909 年间，他以总工程师的身份主持修建京（北京）张（张家口）铁路。他还培养了我国第一批铁路工程师，后任汉粤川铁路督办，著有《京张工程纪略》。

束

姓来源　束姓来源有一：西汉末年，疏广的曾孙疏孟达对王莽把持朝政、独揽大权非常不满。在王莽立"新朝"之后，疏孟达便携族人避难迁逃至东海郡沙鹿山一带隐居（今河北大名），去足改姓束，始有束氏，世代相传至今。唐代有中阳侯、关内侯束永，代宗时有太原尹兼节度使束防。后晋金州、嘉州刺史束乡励。宋代有枢密都承旨束嘉。元有孝子束崇芳。明有官吏束元嘉。清有官吏束启宗。

龙

姓来源　龙姓的来源因多涉及神话，故不可详考，源出有七：一出自黄帝之臣龙行。二出自舜时纳言龙之后，子孙以官职名龙为氏。三出自古代神话传说，御龙氏之后。四出自古代神话传说，豢（huàn）龙氏之后。五出自西汉牂牁地区。六出自地名。春秋时楚大夫食采于龙（今山东省泰安西南之龙乡），其子孙有以龙为氏者。七出自其他源流和少数民族的龙姓。龙禹官，北宋南昌节度使，平定了楚苗之乱。龙燮，清代著名戏曲家，著有《琼华梦》《芙蓉城》等。

龙家将的故事

大宋年间，南昌节度使龙禹官有五个儿子，个个勇猛善战，文通武略。

冲啊！

追！

长子前去抵御，两三年时间就平定黔西各部。

南蛮叛乱，朝廷派其

老二老三打仗足智多谋，生活中待人接物彬彬有礼。

老四老五为安抚苗民，在苗地住了二十几年，以德服人，终老天年。

父职，为国效力，龙家几代人都鞠躬尽瘁，死而后已。

朝廷让其子承

109

叶

姓来源　叶姓来源主要有二：一是出自芈姓沈氏，为颛顼帝的后裔。春秋时，楚昭王封芈戌的儿子沈诸梁（字子高）于叶（今河南叶县）地，称为叶公，其后人便以邑为姓，称叶氏。二是我国古代少数民族中，也有叶姓的。南宋有著名哲学家、思想家、永嘉学派的集大成者叶適（shì）。清代有著名画家叶欣，文学家叶燮，戏曲作家叶稚斐，医学家叶桂，淮军将领叶志超。现代有著名作家、教育家叶圣陶，新四军军长叶挺。

幸

姓来源　幸姓起源于河北沧州清池，始祖幸偃因镇守雁门有功，公元前 1079 年成王赐姓"幸"。汉朝有大臣幸成、朱崖太守幸子豹。南宋有学者幸思顺。近代名人有解放军将领幸元林，矿业专家幸伟中，戏曲舞台美术家幸熙。

司

姓来源　司姓来源于官名。《左传》上说，春秋时期郑国有大夫司成。在《通志·氏族略》上记载，司姓是郑国司臣之后，望族出于顿丘。而《尚友录》上则说，程伯休父在周担任司马，周天子赐以官族，因而得姓。此外，根据《世本》的记载，司姓是卫灵公之子公子郢的后代，郢的子孙当了卫国的司寇，因此就以官为姓氏。司居敬，元朝时恩县（今山东平原县等地）人，生活简朴，为人耿直，元末为邹县尹。

韶

姓来源　韶姓源出有二：一是出自有虞氏，以乐曲名为氏。上古舜为部落首领时，他的乐官作了一首名叫《韶》的曲子，舜臣乐官的后代子孙以其祖上所作曲名为姓，称韶姓。二是发源于粤北韶州，以地名为氏。韶州因韶石而得名，古代的当地先民又以地为姓氏而姓韶。韶护，陕西省岐山人，明朝官员，洪武年间在朝廷做官。

虚心求教的良医

名医叶桂和薛雪同住一条街。由于是同行，二人从不往来。

一次，叶桂的母亲身患重病，他用尽各种疗法也没治好。

薛雪

没想到叶桂的医术这样浅薄，他母亲的病非"白虎汤"不可。

叶桂马上给母亲调了白虎汤，没几天就痊愈了。叶桂受到很大的触动，亲自登门求教。薛雪也认识到了自己的错误，二人尽释前嫌，成了一对互教互学的益友。

以前是我小心眼。

是我太固执了。

请回吧，这病已经没救了。

叶桂

一次，一个举人来找叶桂看病，诊脉之后。

举人又去找一位老和尚看病，最后竟然看好了。

叶桂摘下"医牌"，来到寺庙拜老和尚为师。

医牌

老和尚把平生所学都教给了他。

印

姓来源 印姓源流纯正，出自姬姓，以祖字为氏。周宣王封王子友于郑，建立郑国，为伯爵。至郑穆公的儿子睔（gǔn），字子印，其子孙在郑国为卿大夫，以祖字为姓，为印氏。印宝，明朝地方官，做事果断干练。印应雷，抗元名将，是位堪称楷模的清官。印光任，担任首任澳门同知，后与继任的澳门同知张汝霖合作，写成第一部有关澳门的专著《澳门纪略》。

宿

姓来源 宿姓源出有四：一是以国名为氏。周武王灭商建立周朝后，追封前代圣王的后人，其中远古伏羲氏的后人被封于宿，并建立宿国。其公族后代遂以国名为姓，称宿姓。二是南北朝时期，有朔方人叫若豆根，被赐姓为宿氏。三是后魏时，有叫刘子义的，因对后魏有功，被赐为宿氏。四是北魏时，鲜卑族有宿六斤氏，入中原后按照汉人单姓的习惯将姓氏改为宿氏。宿伯，孔子七十二贤之一。

白

姓来源 远古时，炎帝手下有个叫白阜的大臣。他在水利方面的知识很丰富，主管农业灌溉，疏导供水等工作。白阜的子孙们很以他的工作为荣，便以他名字中的"白"字为姓。战国时有秦将白起，被封为武安君。唐代有著名诗人白居易，文学家白行简，宰相白敏中。元代有"元曲四大家"之一的白朴。明代有杰出的水利专家白英。清代有书法家白云上，刑部尚书白允谦。

怀

姓来源 怀姓源出有四：一是出自子姓。春秋时宋国始祖微子启的后人以怀为氏。二是出自姬姓。西周初，周武王封文王子叔虞于怀邑（今河南省武陟县），后又把居住在晋国的夏遗民"怀姓九宗"封赐叔虞。叔虞的子孙，有的就以原封邑怀为姓，称怀氏。三是出自芈姓。战国时楚怀王的后人有怀氏，怀姓为楚国大族之一。四是出自无怀氏的后代。上古中原地区有个部落叫无怀氏。怀让，唐朝著名高僧。怀素，唐朝著名书法家、僧人。

诗人白居易

白居易是唐朝著名的现实主义诗人。

一次，白居易拿着自己的诗去找著名的诗人顾况审阅。顾况一开始瞧不起这个初出茅庐的年轻人，等顾况读到"野火烧不尽，春风吹又生"两句时，立刻肃然起敬。

真没想到此二句虽简单，却十分传神。你能写出这样的诗，"居"天下应该不难呀！

钱塘湖春行
孤山寺北贾亭西，
水面初平云脚低。
几处早莺争暖树，
谁家新燕啄春泥。

白居易作诗非常严谨，经常对自己的诗反复修改。

嘿嘿！

从此，顾况大力推荐白居易，终于使他名声大振。

据说，他每作完一首诗，都先读给一位不识字的老婆婆听。

读完后，如果老婆婆听不懂，他就不停地修改，直到老婆婆完全听懂为止。

好！

他的每一首诗都明白晓畅，受到老百姓的喜爱。这也是他的诗为什么在民间流传这么久、这么广的原因。

蒲

姓来源 蒲舜的后代被封在蒲坂（今山西永济县），其后人就以封地名为姓。另外，相传上古有扈（hù）氏后代为西羌族首领，家里池塘中生有蒲草，长五丈，如竹子形，由此称为蒲家，其后人就以蒲为姓。清代文学家蒲松龄是《聊斋志异》的作者。他以丰富的想象描写了妖狐神鬼，借此讽刺社会，批判现实。

邰

姓来源 邰（tái）姓是周族始祖弃的后代，以国名为氏。邰姓始于尧舜时期，邰氏的始祖就是上古时期有功于民族进化的贤人后稷。他是尧帝的农官，因治理农业有功，尧就封他为邰国的国君，从此便有了邰姓。邰茂质，明代著名孝子，慈利人。其母怕雷，每逢雷雨，茂质便以身护母。其母去世后，每遇雷雨，便赴母墓护之，雷止才归家。茂质闻雷护母，后为"二十四孝"之一。

从

姓来源 从姓来源有二：一是出自姬姓。东周时，周平王的小儿子精英被封于枞（今安徽省桐城县东南），建立枞国，为侯爵，也称枞侯。枞侯的后代，遂姓枞氏，至汉代仍有枞姓，后去木为从。二是起源于汉代。汉代有大将枞公，他的后代子孙取其名字中的枞。从贞，明代名臣，居官清廉，严于律己，爱惜士卒。从龙，明代知县。从任，明代大学士。

鄂

姓来源 商末，鄂侯在朝中为大臣，与西伯姬昌、九侯并列为三公。商纣看中了九侯的女儿，娶为妃子。但九侯的女儿性情端庄，不愿陪伴纣王作那些荒淫无耻的勾当，纣王一怒之下，杀死了九侯父女，还把九侯做成肉酱。鄂侯见九侯死得冤枉，便同纣王拒理力争，结果也被杀死。后来鄂侯的子孙后代以国名为姓，称为鄂姓。汉朝有开国功臣鄂千秋。清代有保和殿大学士、军机大臣鄂穆图，著有《北海集》。

蒲松龄以茶换故事

蒲松龄在大路口的树下支起一个凉茶摊，并定下一个规矩：要喝茶就得讲个故事。

这样的事在蒲家庄可是第一次，人们纷纷转告。

客人喝过茶，蒲松龄默默地坐在一边，用笔把他们讲的故事记录下来。

周围的人都来把自己身上发生的或是听来的妖魔狐仙的故事讲给蒲松龄听，远道过路的人也纷纷向他叙述自己家乡发生的故事。

蒲松龄从这些故事中挑选出最有趣的，加上自己丰富的想象和生活经验，写成一篇篇精彩的小说，组成了《聊斋志异》这部不朽的短篇小说集。

卓

姓来源 卓姓源起出自芈姓，是春秋时期楚国王族的后代。楚威王有个儿子名叫公子卓，他的后代就以卓为姓。卓文君，汉代才女，是富翁卓王孙的女儿，后来与才子司马相如结为夫妻。卓敬，明代兴武年间进士，敢于直谏，当时人们都说"国家养士三十年，唯得一卓敬"。

蔺

姓来源 春秋时期，晋穆公少子成师的玄师康受封于蔺（今山东西柳林县北），他的子孙便以封地名为姓，称蔺氏。战国时赵国上卿蔺相如，出使秦国，以赵国和氏璧换取秦国十五城。蔺相如在秦王面前机智勇敢，挫败了秦王企图骗取和氏璧的阴谋，并将和氏璧安全地带回了赵国。

屠

姓来源 屠姓源出有四：一是以职业技术命姓。古人有屠宰为业者，其后便姓屠，称屠氏。二是出自子姓。弦国灭亡后，其族人遂以国名命姓，为弦姓，后来又去邑为屠，称屠氏。三是出自九黎族。上古时代，黄帝与炎帝两个部族联合起来，擒杀了九黎族的首领蚩尤，将其部族人收入自己的部落，迁到邹、屠两地定居，形成邹、屠二姓。四是出自杜姓。古代杜、屠二字声音相近、相通。屠叔方，明代监察御史，秀水人，万历进士，有《建文朝野汇编》等传世。屠文漪，江苏松江（今属上海）人，清代学者，著有《九章录要》《诗余草》。

蒙

姓来源 相传古代高阳氏的后代封于蒙双，其后世就有以"蒙"为姓的。另外，古代主持蒙山祭祀的人的后代也有以"蒙"为姓的。秦国大将蒙恬，他率领三十万大军威震匈奴，又为秦始皇挖山填谷，修筑长城。秦始皇死后，秦二世和赵高与蒙恬有积怨，就罗织罪名，先杀了他的弟弟蒙毅，又逼迫蒙恬吞药自杀。

卓文君当街卖酒

西汉时，临邛大富商卓王孙有一个女儿叫卓文君。她美貌如花，才艺双全。

一天，司马相如在卓文君家的宴席上弹了一曲《凤求凰》，向卓文君传达自己的爱慕之情。

卓文君知道父亲嫌弃司马相如家穷。一天晚上，二人连夜回到司马相如的家乡成都。

嘿，不怕父亲不接济我。

由于生活所迫，他们又回到临邛。卓文君在卓王孙家附近开了一间酒馆，当街卖起了酒。

司马相如家里除了四堵墙壁外，根本没有其他值钱的东西，所以他们的日子过得很艰难。

卓王孙为了自己的面子，只好送给卓文君一百名仆人和一百两黄金。

这样做，让我颜面何在？

从此，卓文君和司马相如开始了新的生活。

117

池

姓来源 池姓来源有二：一是出自嬴姓，始成于战国时候的秦国。战国时，秦国有个王族名叫公子池，他是秦国的大司马。他的家族繁盛，其后代就以他的名字为姓，遂成池姓。二是以居住地为姓。古代城墙称作城或垣，城外护城河称之为池。有世居于护城河畔的人，便以池为姓。池生春，清朝楚雄人。他为人慷慨大方，言行举止悉合礼仪，善于书法。著有《入秦日记》《直庐记》《诗文剩稿》等。

乔

姓来源 乔姓来源主要有三：一是出自姬姓。相传中原各族的共同祖先黄帝死于桥山，子孙中有人就以山为氏，称为桥氏。后来桥又变成"乔"，取"乔"的高远之意。这就是陕西乔姓。史称乔氏正宗。二是出自匈奴贵姓。三是出自魏晋南北朝时期乔姓的鲜卑人之后。唐代有宰相乔林。南宋有名相乔行简。元代有散曲家、戏曲家乔吉，散曲风格清丽，内容则多消极颓废。明代有刑部尚书乔允升。清朝有篆刻家乔林。当代有外交家乔冠华。

阴

姓来源 阴姓源出有二：一是出自姬姓。管仲的七世孙名修，为齐卿田氏所逐，自齐国逃到了楚国，被封为阴邑大夫，故又被称为阴大夫、阴修。他的后世子孙便以封邑为姓，称阴氏。二是以国名为氏。远古时的尧帝的后代，曾建立过一个诸侯国，称阴国。尧帝后代受封于阴地，就以地名为国名，其大夫的后裔以食邑为姓，称阴氏。阴兴，东汉开国功臣，官至卫尉。阴寿，隋朝人，被封为赵国公。

鬱

姓来源 鬱（yù）姓来源有四：一是以先祖名字为氏。上古时候，有一位叫鬱华的人，学识渊博，大禹称他为师，鬱华就是鬱氏的先祖。其后裔子孙遂以其名字为姓氏，称鬱氏。二是以封邑名称为氏。周宣王姬静执政时期，有郑国公子翩被封于蔚邑，史称蔚翩。在公子翩的后裔子孙中，有以先祖封邑名称为姓氏者，称蔚氏，后有部分族人改称鬱氏。三是源于官位，出自西周时期官吏鬱人，属于以官职称谓为氏。四是源于地名，秦、汉时期西南鬱林郡，属于以居邑名称为氏。

乔行简劝谏

宋宁宗嘉定年间，山东发生叛乱，朝廷却选不出文臣去安抚。

仓促间选定了武人出身的武国。朝廷还加高他的官职，以加重他此次出任的份量。

祖宗设立制置使，多用名将。哪里非得用文臣呢？

......

乔行简

史丞相

现在给他加上朝中大臣的官衔，以示重视，本来也没有什么不好，只是让他的外表和本质完全不合。

仓促之间从武将转为文官，勉强想让自己的言行举止和官位相符。有些人本来就对武国改授文职不满，恐怕让人生出不平的心理，难以服众啊！

......

武国到山东以后，果然摆出一副朝廷重臣的架子，更加惹怒了叛军。

全部都得给我备大礼，再来参拜！

反了！

叛军杀了武国，暴乱久久难平。

119

闻

姓来源 闻姓出自复姓闻人氏，是春秋时期少正卯的后代。少正卯是春秋末鲁国人。他博学多识，很有名气。他的有些主张与孔子不合，曾聚众讲学，同孔子唱对台戏，使得孔子的不少弟子都跑到少正卯处听讲。因少正卯是当时声誉很高、远近闻名的人，被誉为"闻人"，所以他的后代支庶子孙有的便改为闻人氏。后有一部分闻人复姓改为单姓闻，称为闻姓。闻一多，现代著名诗人、学者、爱国人士。

莘

姓来源 莘氏来源有四：一莘氏即是辛氏，因为他们的发音相近。二是以封国为姓。夏王启封高辛氏的儿子挚于莘建立了莘国，后来莘国灭亡，其后代就以国名作为自己的姓氏，称作莘氏。三是以国名为姓。古代的时候有莘国，商汤就娶了莘氏的女儿，后代就以莘作为自己的姓氏。四是古帝祝融的后代。祝融之子分为八姓：己、秃、彭、姜、曹、斯、莘等。莘就是其中的一个姓。

党

姓来源 党姓源起有四：一是出自姒姓，是禹王的后裔，为夏王朝全族的子孙，所以历史上称党姓出自夏的后代。属于夏禹后裔的党姓世居党项。二是出自姬姓。在春秋时期，晋国公族大夫的封邑在上党，其后世子孙便以封地名作为了姓氏。三是出自任姓。相传春秋时鲁国大夫党氏，是黄帝的小儿子禹阳的后裔，因为他的封邑名为党，所以也称党氏。四是源于党项族。党项族是我国古代西北的少数民族。党项人汉化改单姓，遂取族名首字为姓。北宋军事将领党进。清朝名士党湛。

翟

姓来源 上古时候，北方有翟族，后称翟国。翟国是远古时黄帝的后代建立的。后来翟国被灭，翟国人都以原国名为姓，逃奔迁居各地。由于各地方言不同，翟姓形成了两种读音，居于北方者读"dí"，迁居南方者读"zhái"。翟方进，西汉著名的丞相。翟大坤，清代嘉兴人，他与儿子翟继昌都是山水画家。

翟方进
退让的智慧

西汉丞相翟方进很会处理各种人际关系。

有一个儒生叫胡常，经常和翟方进在一起研究经书，但他的声誉却不如翟方进的好。因此，胡常十分嫉妒翟方进。

胡常

胡常经常在别人面前讲翟方进的坏话。

为了提高自己的名誉，

这些学子为什么经常来我这儿听课，做笔记都那么认真？莫非翟方进不授课了。

胡常

翟方进听说之后对学生说……

你们在听胡老师讲课时，要认真做好笔记。

翟方进

知道了！

时间一长，胡常就明白了这是翟方进有意推崇自己，内心十分不安。

请多原谅！

一切都过去了。

谭 姓来源　谭姓来源主要有三：一是出自姒姓。相传帝舜赐姒姓于禹。周初姒姓一支被封于谭国（今山东省章丘县西）。春秋初期，齐桓公吞并谭国，留在故国的谭国国君子孙就以国为氏，称谭氏。史称谭氏正宗，这是山东谭氏。二是出自古代西南少数民族。三是谈氏有避讳改姓谭，谭氏也有避仇去言字旁为覃的。宋代有文学家谭元春，与钟惺同为"竟陵派"创始者。清末有改良派政治家、思想家谭嗣同，是"戊戌六君子"之一。

贡 姓来源　贡姓来源纯正，起源于端木氏，是孔子的弟子子贡的后代。子贡本名端木赐，字子贡，春秋时期卫国人。他曾经担任过鲁国的宰相，善于辞令，精明能干。其家族昌盛，子贡九世孙端木武因为避焚书坑儒之祸，隐居于齐，改姓贡，世代相传，成为今天贡姓的起源。贡奎，元朝宣城人，著有《云林小稿》《听雪斋记》《青山漫吟》《倦游录》《豫章稿》《上元新录》《南州纪行》等共一百二十卷。

劳 姓来源　劳姓起源于汉代，是一个以山为氏的姓。在今天的山东省青岛市东面海面上，有一个风景胜地——崂山。古代的时候称为劳山。居住在崂山的人一直自为体系，很少与外界的人交往。一直到西汉时才开始与外界的人交往，也就是从这时开始，他们成为了汉王朝的百姓。汉王朝在这个时候赐他们为劳姓。劳泉，清代诸生。他和劳革两人专攻历史书，在当时很有名气，人称"二劳"。

逢 姓来源　逢（Páng）姓源出有三：一是以国名为氏。西周武王的时候，逢国灭亡，改其地为齐，改封给姜太公，逢国后人以原来的国名作为姓氏，成为逢氏。二是起源于夏朝。夏朝的时候，有一个出名的弓箭手叫逢蒙，曾经拜后羿为师。他的后代也随着他姓逢，称为逢氏。三是起源于春秋时期。春秋时的齐国君主有车左官名逢丑父，他的后代也称逢氏。逢安，东汉时期大司马。逢滑，春秋时期晋国大夫。

变法先驱谭嗣同

谭嗣同从小饱读经书，知识广博，武艺精湛，少年有志。为官时奉诏进京主持变法。

9月18日夜，天上飘洒着绵绵秋雨，刮着凄凉的冷风。

大人，小的这次进京有事跟您商量。

袁世凯

请您能在慈禧太后发动的政变中保护皇上、保护维新派的命运。

好吧，我答应你。

9月21日，慈禧太后发动政变，幽禁光绪帝，同时拘捕维新派人士。

这个，这个，让我考虑考虑……

9月20日，袁世凯回天津向荣禄告密。

9月28日，在宣武门外菜市口刑场上，六根木柱上绑着六位爱国志士、维新变法的闯将们。

有心杀贼，无力回天，死得其所，快哉快哉！

谭嗣同

冉 姓来源 冉姓来源有五：一出自姬姓。周文王第十子季载，封于冉，春秋时灭于郑，子孙以国为氏。二是相传高辛氏（即帝喾）之后有冉姓。三是以名为氏。春秋时楚大夫叔山冉之后。四是唐时四川夔（kuí）州、开州土著多冉姓。五是出自他族。冉求、冉季，春秋时鲁国人，孔子弟子，有治政之术。冉闵，十六国时期冉魏的君主。

宰 姓来源 宰姓源出有二：一是以官名作为姓氏。宰父是周朝的一个官名，职责是管理王朝的内外事务。宰父官的后代，大多数用祖上的官职作为自己的姓氏，称为宰父氏或宰氏。二是源于姬姓。春秋时期有周公旦的后裔周公孔在周朝担任太宰，故被称为宰孔、宰周公。他的后代以祖上的官职作为姓氏，称宰氏。宰予，春秋时期鲁国人。

郦 姓来源 郦姓是黄帝的后裔。夏朝建立后，夏王禹追封先代遗民，封黄帝后人涓于郦邑（河南省内乡县郦城村），建立郦国。春秋中期，郦国被晋国攻灭，又被周天子封于陈留（河南省开封市），以原国名命姓，称为郦姓。郦道元，字善长，生于魏孝文帝延兴二年（472年）。他从小勤奋好学，广泛阅读各种奇书，经过多年辛苦，终于写成名垂青史的著作《水经注》，开创了我国古代"写实地理学"，在世界地理学发展史上也占有重要的地位。

雍 姓来源 雍姓源出有三：一是出自姬姓，以国名为氏。西周初周朝刚建立时，周文王的第十三个儿子被封于雍地，人称雍伯。其后人以国名为氏，称雍氏。二是出自姞姓，以邑名为氏。黄帝的后代中，在商、周之间有的食采于雍邑这个地方，就以邑名为氏，称为雍氏。三是满族、汉族、藏族有雍姓。雍齿，汉高祖刘邦的武将，很能打仗，因战功被封为侯爵。雍陶，唐代后期的重要诗人，尤以写山水名噪一时，被称为"山水诗人"。

冉闵的故事

冉闵的父亲冉瞻是晋朝有名的将军，以勇猛善战而闻名。冉闵除了继承父亲勇猛的武艺外，还善用计策，智勇双全。

永和六年，冉闵自立为王，改元永兴，国号魏。

哈 哈

魏

啊呵

永和十六年，鲜卑人率十万之众南下，冉闵冲锋在前，被俘之前，手刃三百余人。

临死前，冉闵大声说。

你们是禽兽一般的蛮夷。

鲜卑王慕容俊斩冉闵于遏陉山后，遣使祭祀，追谥冉闵为武悼天王。

武悼天王

武悼天王

呜 呜

濮

姓来源 濮（Pú）姓源出有四：一是出自有虞姓。虞舜为炎黄部落首领时，将他的子孙散封于濮地，其后代遂以地名为姓，形成濮姓。二是出自高阳氏。颛顼帝裔孙陆终之后，有居于濮者，其后人以地名为姓。三是出自姬姓。春秋时，卫国有大夫封于濮邑，其后以封地邑名为姓，称濮氏。四是以国名为姓。周朝时，有百濮国，国人以濮为姓，亦称濮氏。濮英，明朝大将，他善于用兵，勤于治兵，战功卓著。濮澄，明末清初金陵派竹刻创始人。

牛

姓来源 西周时，宋国公族大夫牛父任司寇。游牧民族长狄人进攻宋国时，牛父率军抵抗。他驾着战车与长狄军奋战，终于打退了敌人的进攻，但牛父也阵亡了。他的子孙就以他的字为姓。牛僧孺是唐朝穆宗、文宗时的宰相，字思黯，安定（今甘肃泾川）人，在牛李党争斗中是牛党的领袖。

寿

姓来源 寿姓源出有二：一是以先祖名为姓。周章十四世孙寿梦主吴时，国势强大，称吴王，与楚国争抗，故春秋时吴国自寿梦始。寿梦的支庶子孙，有的以祖先名字为姓，形成寿姓。二是彭祖之后。相传上古时候有位叫彭祖的人，是有名的老寿星，活了八百多岁，他的后代有的为了纪念他，就取寿字为姓，于是形成了另一支寿姓。寿宁，元代高僧，居静安寺，寺有名迹八处，因作《静安八咏》，并汇诸家之作，编为《静安八咏诗集》。牛皋，南宋抗金名将。

通

姓来源 通姓源起有二：一是出自彻姓。秦汉时期，上蔡的乡间有一个读书人，很有学识见地，后来被帝王知道以后委以重任，让他担任丞相，并且封他为彻侯。他的子孙后代以彻为姓，成为彻氏。到了西汉武帝的时候，因为要避武帝刘彻的讳，所以改姓为通。二是以封地名为氏。春秋时期，巴国有大夫受封于通川，后来他的后裔用封地作为姓氏，称为通氏。通润，明朝人，著有《种松老人》诗集。通复，清代诗人、僧人，著作有《冬关诗抄》。

牛皋三天攻下随州

牛皋是南宋抗金英雄岳飞手下的大将。

牛皋

传令下去，让下面的人不要掉以轻心。

1134年，金兵入侵南宋，到处烧杀抢掠。没过几天，金兵就占领了襄阳六郡。

岳飞派出几员大将攻打被金国将领占据的随州，但金兵固守城池，宋军进攻连连受挫。

······

岳飞

将军请您放心，我可立下军令状，一定夺下随州。

岳将军，让我去攻取随州吧，我只需要带三天的军粮就可以了。

这个……你能行吗？

牛皋带着一队精兵和三天的口粮，直扑随州城下。

士兵们以迅雷不及掩耳之势对随州城发起猛攻。牛皋冲在最前面，敌人瞬间死伤一片。

果然，牛皋与将士们三天便攻下了随州。

温 **姓来源** 西周时，司寇苏忿生封于温，后被狄人攻灭，国君温子逃往卫国，称温氏。另外，春秋时晋国大夫郤至也封于温。郤氏权倾朝野，因此引起晋厉公的猜忌，晋厉公找借口灭掉了郤氏。其子出污泥而不染，逃亡国外，也称温氏。温庭筠，唐代词人，其词现存六十余首，是唐人中数量最多的。他对词的发展有很大的影响，是花间词派的鼻祖。

别 **姓来源** 别姓出自别成子之后。古代封建宗法制度中，次子以下为小宗，小宗的次子称之为别子，与嫡长子一系的宗子相区别。古时别子不得以祖上姓氏为姓，而另为一族，故称"别子为祖"，以祖父字、官、封邑、爵、谥号为姓，其中有的以自己在宗法制度中嫡庶方面的地位为姓，遂有别姓。唐代中叶安禄山起兵造反时，就有陕西朝邑人别惨举义兵讨贼。

庄 **姓来源** 庄姓起源有二：一是秋时宋戴公名武庄，他的后世子孙以其名字为姓。二是春秋时有楚庄王，"庄"是谥号，其后世子孙以其谥号为姓。战国时哲学家庄周撰有《庄子》一书，他继承发扬了老子"道法自然"的观点，后世将二人合称为"老庄"。

晏 **姓来源** 晏姓来源主要有三：一是来源于姜姓。春秋时期的齐国大夫晏弱被分封于晏（今山东齐河县的晏城），他就以晏作为姓氏，他的后代也沿用晏姓。二是来源于陆终氏。传说中的古帝颛顼的第五个儿子叫晏安，他的后代便以晏为姓。三是来源于唐尧时期的大臣晏龙。晏婴，字仲，春秋时期齐国人，齐景公的宰相，《晏子春秋》一书就以他的言行编辑而成，宣扬他勤俭节约的美德。晏天章，宋代棋师，著有《元元棋经》一书。

晏子使楚

齐景公

本王想与楚国建立友好关系，派你出使楚国。

晏子

楚灵王命人在城门边开了一个五尺高的洞，想让晏子从洞中钻进来。

请进！

出使狗国才从像这样的狗洞钻进去，请问你们这是什么国？

逮捕的是什么人？他犯的是什么罪？

你们齐国没人了吗？派你来楚国？

楚灵王

楚灵王只好打开城门让他进来。

是齐国人，犯的是偷盗罪。

访上等国，派上等人；访下等国，派下等人。我最没出息，就被派到这儿来了。

我听说江南有一种橘树，结的果子又大又甜，可是移栽到江北，结的果又小又涩，这是因为水土环境不同。齐国人在本国都很正派，可到了楚国就喜欢偷盗，大概和这个道理差不多吧！

你们齐国人怎么都喜欢偷盗呢？

楚灵王听了，脸上红一阵白一阵，觉得晏子聪明过人，于是对他格外尊敬起来。

柴

姓来源　春秋时，孔子有个学生叫高柴，身长不过五尺，相貌丑陋，但人品很好，是七十二贤人之一。他的孙子以祖父的名为姓，称柴氏。柴荣，邢州龙冈（今河北邢台西南）人，五代时期后周的皇帝，史称周世宗，杰出的政治家、军事家。

瞿

姓来源　瞿姓源出有三：一是以地名为姓。春秋时孔子的弟子商瞿，字子木，鲁国人，跟随孔子学习《易经》。因生于四川双流，居于瞿上，故名商瞿，其旧居称为商瞿里，后来在这里居住的人，都以地名取商姓或瞿姓。二是以人名为姓。在商代，据《姓氏考略》《国名纪》和《姓苑》等载，商大夫因受封于瞿上（今四川双流东之瞿上城），而得名瞿父，其子孙后代遂以祖上名字为姓。三是由瞿昙氏改单姓而来。四是出自他族。今彝、土家、满等民族均有此姓。瞿章，五代十国时吴将领。唐末随杨行密起兵，累功迁至先锋指挥使。瞿佑，明文学家，字宗吉，号存斋，钱塘（今杭州）人。年少时才思敏捷，十四岁即以善写艳体诗、风月词闻名。

阎

姓来源　西周吴大伯的曾孙仲突、周康王的儿子以及春秋时晋成公的儿子懿，都曾被封于阎。他们的后世子孙分别以封地名为姓，都称阎氏。唐代画家阎立本，擅长画人物。唐太宗的肖像、"秦府十八学士""凌烟阁二十四功臣图"都出自他的手笔。

充

姓来源　姓源出有二：一是以官名为氏。周朝时设有"充人"一职，专门负责饲养祭祀用的牲畜，有世袭充人一职的，其后代以职官名为姓，称充氏。二是出自姜姓，以祖名为氏。春秋时齐国公族有大夫充闾，他的后代以祖上名字为姓，形成充姓。充虞，战国人，跟随孟子学习。

阎立本
千里学画

阎立本是唐代著名的画家。他很崇拜南北朝时代的画家张僧繇的画作。

有一次，他听说在荆州的一座古庙里存有张僧繇的真迹，便立刻前往荆州。

到了荆州后，阎立本立即去了那座古庙。看过画后，他并没有看出这些画究竟好在哪里。

第二天，阎立本又跑去观摩……

第三天，阎立本又跑去看画……

第四天，阎立本索性睡在壁画下面。

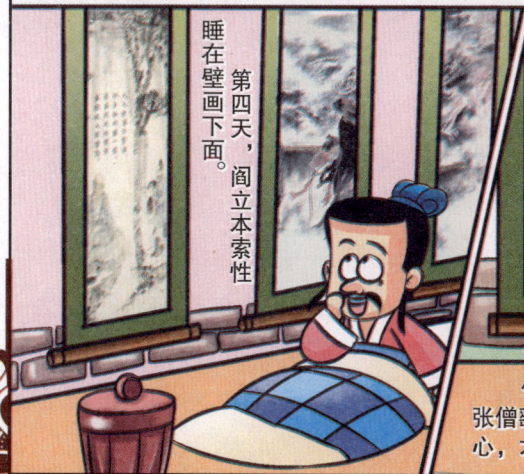

他住了十多天，直到把张僧繇的绘画技巧熟记于心，才心满意足地离开。

131

慕

姓来源 慕姓源出有三：一是出自慕容氏。远古时，有个黄帝后代叫"封"，他在东北部建立了鲜卑国，取姓慕容。有的地区又简化为慕姓。二是自宋代河南开封有慕氏。三是出自远古帝王虞舜的祖父虞幕（通幕姓）。相传上古五帝之一的舜帝的祖父叫虞幕，虞幕的后代中，有一支以他的名字为姓，就是幕氏。后来幕姓演变为慕姓。慕甲荣，清乾隆许州城西慕庄人，著有《述德堂训蒙》《述德堂稿》《述德堂小草》传世。

连

姓来源 连姓源出有三：一是以祖字为氏。颛顼的曾孙陆终的第三个儿子名叫惠连，他的后代就以他们祖先的字作为姓，形成连姓。二是以官名为氏。春秋时期楚国公族有连敖、连尹的官职，后来这两个官职就作为姓氏传了下来。三也是以祖名为氏。春秋时期齐国公族的后裔，齐国大夫连称的后代以祖上的名字为姓，称为连姓。连总，唐咸通年间进士，善于作赋。连舜宾，北宋著名隐士。

茹

姓来源 茹姓源出有三：一是出自古代柔然部族。北魏时郁久闾氏建立柔然国，也称作茹茹。西魏时，柔然部族并入突厥，其部族后人多以族名茹茹为姓，称茹氏。二是出自如姓。汉代有如淳，其后代子孙在"如"字上加草字头为茹姓。三是出自鲜卑族。南北朝时，后魏有三字姓普六茹氏，入中原后改为茹姓。茹皓，后魏文帝的著名将军。茹洪，明朝大画家和大书法家。

习

姓来源 习姓源起是以地为氏的姓氏。少习原是一个地名，在折县东之武关，望族出自襄阳。古代有诸侯国习国，习国被消灭后，其国人才以故国名为氏，称为习氏。古代的习国，所在地就在现在的陕西省丹凤县武关附近少习山一带。望族居于东阳郡，即今天的浙江省金华市。习氏后人尊习响为习姓的始祖。习嘉言，江西新余人，明朝大臣，著有《温室稿》《西垣漫稿》《寻乐集》二十卷。至今，白梅村仍保留有习嘉言祠堂。

连舜宾教子

连舜宾，北宋著名隐士。他在应山城南设帐授徒，深受百姓爱戴。

咦，老师哪去啦？

他常常救济当地的老百姓。

连舜宾年少时乡试没考中，便再也不去考试了。

他专心教育儿子连庶和连痒。

我不要财产，教育好我的儿子就是最好的财产。

后来，他的两个儿子都当了县令，为官清廉，深受百姓爱戴。

宦

姓来源 宦姓源流纯正，源出有二：一是出自阉（yān）宦以外的仕宦人家，以官称为氏。大明正德年间，由皇帝赐姓于太子太保满门姓宦，宦姓开始盛行。二是源自舜之后裔陈梅林。战国时期有一奇人鬼谷子，陈梅林拜他为师，学艺下山后却难登仕途，临终前嘱咐其子："我一生未入仕途，希望你能完成此愿，并改为宦氏，以慰此念。"遂其后人以宦为姓。宦绩，江阴人，字宗熙，据《江阴县志》载，永乐二年进士，擅写文章，又负气节，名重一时。

艾

姓来源 一是源起于夏后氏，是禹王的后代。夏朝少良当国君时，有大臣汝艾（一作女艾），其后人以祖字为姓，遂成艾姓。通常认为，汝艾是艾姓的始祖。二是因地名得氏。春秋时期，齐国有位大夫名孔，因为住在艾陵（今山东泰安东南），人们就叫他孔艾。他的后代，便以居住地名称的第一字"艾"作为自己的姓氏。艾自修，明朝邓州人，著有《理学纂要》，得到学术界好评，朝廷旌表为当代贤儒。

鱼

姓来源 宋襄公的弟弟目夷，字子鱼。宋、楚两国交战时，子鱼劝襄公趁楚军渡河渡到一半时发动攻击，襄公认为这样不道德，没有听子鱼的话。子鱼又劝他趁楚军排阵时进攻，襄公还是不听，结果宋军大败。子鱼的子孙以子鱼的字为姓，称鱼氏。鱼思贤，唐朝开元初为任丘县令，是著名的水利学家。鱼玄机，唐朝著名诗人。

容

姓来源 容姓源出有五：一是以祖名为氏。舜有八子，有一个叫仲容，他的后代便以容作为姓氏。二是以官职为姓。周朝的礼乐官官名为容，其后便以祖上的官职为姓。三是以国名为氏。古代有国名叫容，其子孙后代以国为姓，成为容姓。四也是以祖名为氏。黄帝的时候有一个史臣名叫容成，创制了中国历史上第一部历法。他的后代以容为姓。五是以父字为氏。春秋时期有一个以南容作为字的人，他的孙子以祖父的字作为姓，称容氏，于是相传成为容姓。容闳，清朝维新派，著有《西学东渐记》等。

才女鱼玄机

唐朝女诗人。鱼玄机，字慧兰，

鱼父饱读诗书，却一生功名未成。

他把希望都寄托在玄机身上。

玄机五岁便能诵诗数百首，七岁开始作诗，十一、二岁时，她的习作就已在长安文人中传诵开来。

五岁

七岁

父亲，我又作了一首新诗！

你长大了一定比为父强！

妙

135

向

姓来源 向姓源起有三：一为炎帝神农氏之后。神农氏有裔孙名向，被封为诸侯，其后代子孙以向为姓，遂成向姓。二是以国为姓。周代有向国，故址在今山东莒县南部。后来国灭，向国国君的后代就以原国名为姓，成为向姓的一支。三出自子姓。春秋时期，宋国国君宋桓公有子名肸（xī），字向夫，世代为宋国卿士，其后亦姓向，成为向氏。向海明，隋末农民起义军领袖。向士壁，南宋名将。向警予，中共早期著名的妇女运动领导人之一。

古

姓来源 上古周文王的祖父是古亶父，他的后代中的一支子孙为了纪念祖上，就以其称号为姓，世代相传姓古。古弼，北魏大臣，为人忠厚，处事正直，以敢于直谏而出名。

易

姓来源 易姓源出有四：一是以祖名为氏。春秋时，齐桓公宠臣雍巫食采于易，又称易牙，易牙犯上作乱，被杀，其子孙以先人名字为氏，称为易姓。二是以封邑名为氏。姜太公后裔有被封于易州（今河北省易县一带），且以封邑为氏，称为易姓。三是以地名为氏。古有易州（今河北省易县），州人以地为氏，称为易姓。四是出自少数民族源流有易姓。易贞言，清代湘乡人，康熙年间诸生，著有《周易讲义》等。

慎

姓来源 慎姓源出有二：一是以先祖名字为氏。春秋时期的禽滑厘是墨子的弟子，他的字为慎子，其后代以他的字作为姓氏，形成慎氏。二是以封邑名称为氏。春秋时期的楚国太子白公胜的后裔中，有的被封在慎邑，他的子孙便以邑名作为姓氏，称为慎氏。慎到，战国时期韩国大夫、法家。他主张"抱法处世""无为而治"，从"弃知去己"出发，著作有《慎子》四十二篇。

敢于直谏的古弼

古弼

古弼是北魏时期的大臣，为人正直。

一次，古弼收到一封百姓来信，说皇宫占地太多，希望朝廷能拨出一半土地给贫民耕种。

古弼觉得这意见很好，就马上进宫见皇帝拓跋焘。

皇宫

此时，拓跋焘正在跟刘树下围棋。

诈久之后……

啊~

刘树

古弼

国家的事情都没有治理好，你却有心情和皇上下棋，是你的罪过！

没有听你奏事，错在我。刘树有什么罪过？快停手，不要打了！

陛下，我有事禀告。

数日后

我之前的举动是不是太失礼了啊，进宫向皇上请罪去！

你有什么罪过啊？只要是利国利民的事，你只管做就是了！

陛下，之前我太过分了……

137

都

姓来源 都姓源出有二：一是出自姬姓。春秋初年，郑国有一位公族大夫公孙阏，字子都，很得郑庄公的赏识。公孙阏的子孙后来以王父字为氏，称为都姓。二是出自公都氏。春秋时候，楚国有公子田，受封于都邑（今地不详），所以称为公都氏，他的那一支子孙，有单姓都的，就成为都氏的一支。汉有临淄侯都稽、名人都蔚朝。

耿

姓来源 耿姓源出有二：一是以地名为姓。盘庚迁都后，一部分商朝的公族没有跟随他南迁，仍然留在了邢。这一部分人就把邢作为自己的姓氏。邢古时读作耿，后来为了与邢姓相区别，将这个姓的写法改作耿。二是出自姬姓。商代末年有耿国，周朝建立后耿国灭亡。原耿国公族多以原国名"耿"作为自己的姓氏，成为耿氏的一支。耿弇，东汉将领，云台二十八将之一。耿介，清代学者。著有《孝经易知》《理学要旨》《中州道学编》《敬恕堂存稿》等。

满

姓来源 满姓源出有三：一是以祖字为氏。春秋时期陈国被楚国打败，陈国灭亡。陈国的子孙于是将开国元首胡满的名字作为自己的姓氏，姓作满，同时也有的以国名为姓，姓作陈。二是回族中有满姓。三是他姓所改。旧由"瞒"氏讹音变为满氏。满奋，晋朝时期尚书令，昌邑人，清高雅致，任职司隶校尉。满宠，三国时魏国太尉，跟随曹操东征，立有军功。

弘

姓来源 弘姓源出纯正，以祖上名字为氏。春秋时期，卫国有个大夫叫弘演，是个被国君器重的能人。弘演的后世子孙，就以其名字中的"弘"字为姓，成为弘姓。弘姓家族本来很昌盛，但到了唐代，李弘被立为太子，天下要避讳用弘字作为姓名，于是弘姓就大部分改为李姓；另一部分改为洪姓。隔了好几代人后，弘姓才被恢复，有些则沿用改姓后的李、洪姓。故后来弘姓就成了历史上的罕见姓。弘仁，清代画家，僧人，擅作黄山图，深得写生之妙，新安派黄山画派的代表人之一。

大将军耿弇

耿弇（yǎn），东汉将领。二十一岁时就在刘秀手下做偏将军。

下令刘秀罢兵回朝。

更始帝
刘玄

刘秀称帝后，授耿弇建威大将军，封好畤侯。

耿弇向刘秀提出脱离刘玄，占据河北，夺取天下之策。

耿弇

耿弇

经过六次激战，耿弇凭智斗勇平齐起，定陇西。

皇上，您再给我三万精兵，我一定帮您攻下济南、临淄和西安，拿下齐地。

耿弇

好！

刘秀

我的江山有你的一半啊！

耿弇

匡

姓来源 匡姓源出有二：一是以邑名为氏。春秋时期，鲁国大夫施孝权的家臣句须任匡邑（河南省长垣西南）宰，即为匡地的地方长官，称匡句须，其孙以祖父居官地名命姓，遂为匡姓。二是以国名为氏。上古时有匡国，周武王时，匡侯的后裔匡俗兄弟七人在庐山结庐而居，因此又称为庐山匡氏。匡衡，西汉大臣、经学家。他出身农家，少年好学，世传其凿壁借光的故事。

国

姓来源 国姓源出有三：一是以祖字为氏。春秋时期郑国国君郑穆公有个儿子公子发，字子国。子国的儿子公孙侨字子产，在郑国执政三十多年，是春秋时著名政治家。子产的儿子以祖父的字命氏，称国氏。二是以赐姓为氏。春秋时齐国有上卿国氏，本是齐侯公族大夫，由周天子亲自任命为辅国正卿，齐国国君便赐以国姓，意为国家尊贵至上的姓氏，其后遂称国氏。三是出自古代百济国大臣八姓之一的国姓，其后称国氏。国侨，春秋时郑国大夫。孔子曾称赞他是"古之遗爱也"。

文

姓来源 文姓起源于周文王。周武王灭商后，追封他的父亲为周文王。文王的子孙中有一部分人对他很是尊重，就以他的谥号"文"作为自己的姓。春秋时越国有名臣文种。西汉有教育家文翁。三国时魏有大将文聘。北宋有宰相文彦博，画家文同。南宋有民族英雄文天祥，学者文及翁。明代有书画家文徵明、文彭、文嘉。清代有小说家文康，洋务派首领文祥，戊戌变法者文廷式。

寇

姓来源 相传夏、商两代已有司寇的官职，掌管治安狱，周朝时称为秋官大司寇。司寇的子孙就以官名为姓，称司寇氏，后简化为寇氏。宋代宰相寇准，为官清正，深得民心。据说他做官四十年，没有自己的田园宅第。当时有人写诗称赞他"有官居鼎鼎，无地起楼台"诗传到塞外，连契丹国都知道了。

民族英雄文天祥

文天祥童年时，就很仰慕英雄人物，尤爱读忠臣传。

第七名

宝祐四年，文天祥参加科举考试通过初选。

次年，文天祥上京参加殿试考试。宋理宗亲自阅卷。

此卷议论卓绝，合乎古圣先贤之大道。

文天卷

王应麟

恭喜皇上，贺喜皇上，我朝有如此爱国忠君，坚如铁石之人，实属少见。

文天祥是抗元英雄，以忠烈名传后世。

141

师

姓来源 师姓源出有三：一是以官名为姓。夏商时代，管理乐技职官名师。周朝也有师尹之官，掌管音乐歌咏。这些人的后代子孙遂以职官为姓，乃成师姓。二是以技艺为氏。两周及春秋战国时代，擅长乐技的人被称为师。三是以人名为姓。周朝时，有个叫师君的名人，他的后代就用祖上名字中的"师"字为姓，也称师氏。师姓历代重要人物有：春秋晋大夫师服，晋掌乐太师师旷，郑乐师师悝，楚乐师师缙，卫乐师师曹，鲁大夫师己。

巩

姓来源 巩姓源出有三：一是以地名命姓的姓氏。周朝周敬王有个同族卿士简公受封于巩邑（今河南省巩县），称为巩简公。巩简公录用从各诸侯来的人士，而不再任用王族子弟为官。后来王子朝作乱，将他杀害了。他的子孙以原封邑名"巩"命姓，称巩氏。二是出自古代羌族姓氏中有巩姓。三是出自春秋时晋国大夫巩朔的后代。巩庭芝，宋朝著名大臣、学者、教育家。

厍

姓来源 厍（Shè）姓系出厍狄氏。北周时有厍狄氏，后改为厍姓。《风俗通》载：古守厍大夫，因官命氏。厍字于隋朝初年改为厍，读音与库相同，因出于鲜卑和羌族，讹书为厍，隋朝以后通库字，厍姓也就并入了库姓。汉代的金城太守厍均，被封为辅仪侯。

聂

姓来源 聂姓产生于我国的春秋时期。一是齐丁公封子孙在聂城。其后人以封地为姓。二是春秋时的卫大夫被封于聂地，也以地名为姓。三是荆国有地名聂北，居民以地名为姓。晚唐有诗人聂夷中，善写五言诗。清末有将领聂士成，先后参加镇压太平军、捻军和义和团；中法战争中率军渡海守台湾，屡挫法军；中日甲午战争时率军抗日；后统率军队抗击过八国联军，在天津八里台战死。现代有无产阶级革命家、军事家、中华人民共和国元帅聂荣臻。中国无产阶级革命家聂耳，他是中华人民共和国国歌《义勇军进行曲》的作曲者。

演艺圈的"拼命三郎"

上世纪三十年代初，聂耳孤身一人来到上海谋求发展。

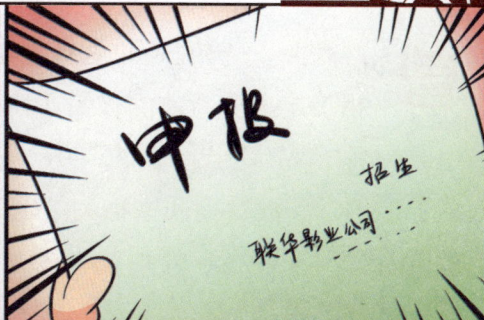

申报
报告
联华影业公司……

联华影业公司招聘生员，聂耳忐忑不安地进了考场。

空闲之余，聂耳帮助老家的朋友在上海代租电影拷贝，得到一百元报酬。

表演得非常好，恭喜你被录取啦！

聂耳用挣得的钱买了一把小提琴和两本乐谱，日夜不停地练习，朋友劝他休息，他也不肯。

聂耳连乐谱都看不懂，更别谈拉琴了。可聂耳锲而不舍。

聂耳凭着"拼命三郎"的精神，终于走上荧屏。

143

曾 姓来源　曾姓来源比较纯正，主要出自姒姓，是夏禹的后裔。相传夏禹后裔曲烈被封于鄫国，春秋时，被莒国所灭。他的后代用原国名"鄫"为氏，后去耳旁，表示离开故城，称曾氏。春秋末期有孔子的弟子、被后世儒家称为"宗圣"的曾子。北宋有宰相曾公亮、曾布以及文学家曾巩、曾几。明代有画家曾鲸。清代有两江总督曾国藩，外交官曾纪泽。

毋 姓来源　毋（wú）姓源出有二：一是以祖名为氏。尧为部落首领时，他的属下当中一个臣子名叫毋句，此人制造出乐器磬。毋句的后代就以他的名中一字为姓，称为毋氏。二是以封地名为氏。在春秋时期，齐国齐宣王田辟疆分封他的弟弟于毋邱，赐姓为胡毋氏，胡毋氏的后代再分为三支，形成胡毋、毋丘、毋三姓。后来胡毋、毋丘二姓也改为单姓毋氏。毋煚（jiǒng），唐朝才子，撰《古今书录》四十八卷，为"开元今象亭十八学士"之一。

沙 姓来源　沙姓源出有四：一出自子姓。商朝末年，殷纣王庶兄开（一名启）被封于微，世称微子。微子的后裔有沙姓。二是出自神农氏。炎帝为部落首领时，其下有臣夙沙氏。三是以国为氏。西周有沙侯国，地望在河北涉县，涉县之称由西汉时沙县改。四是出自沙随氏。古代诸侯公爵，凡失国或没爵后，即称为公沙氏或沙随氏，后省为沙氏。沙金威，汉代名将。沙门，晋代名士。沙神芝，清代书法家。

乜 姓来源　乜（niè）姓起源有三：一说是乜姓来自春秋时期的封地，以封地为姓氏。一说是乜姓来自回族或蒙古族的汉化改姓。一说是乜姓来自藏族的汉化改姓。乜仁义，明代名士。乜富架，苗族，明朝时期苗民起义领袖。乜克力，藏族（一说维吾尔族），肃州人（今甘肃酒泉），明朝时期藏族酋长。

曾巩三试

曾巩的父亲在地方任职。十八岁那年，他进京考进士落了榜。

一天，曾巩的父亲遭人诬陷被革了职入狱，维持家中生计的重担一下子落到了曾巩的身上。

他还经商养家，在大半个中国奔波过。

曾巩下田干活，操持生计。

五年后他再次进京考试，却再次落榜。

第二次考试

欧阳修

文章不错，有"昆仑倾黄河，渺漫盈百川"之感。

由于欧阳修的宣传，曾巩的文章轰动天下。

三十九岁时，曾巩第三次考试才进士及第。

四十岁后，他步入政坛，一面做官，一面创作，直至六十五岁去世。

巢 姓来源 巢姓源出有二：一是出自上古有巢氏。上古时，有人在树上构造木屋，从此人们在睡觉时就不必担心野兽的侵袭了。于是大家把这个人视作圣人，推戴他为部族首领，号称"有巢氏"，他的后代就是巢姓。二是以地名为姓。夏桀被商汤打败以后，逃到南巢。他的子孙有留居在南巢的，便以地名命氏，称为巢氏。巢猗，隋朝时的国子助教，也是位著名的学者，撰有《尚书义》《尚书音译》等，后世推崇。

关 姓来源 夏朝末期的时候，夏桀当政。他非常残暴，荒淫无度，经常滥杀无辜。有个大臣叫关龙逢，他因劝谏夏桀而被处死。他的后人便以他的名字中的"关"为姓。关羽，三国时蜀国名将。关汉卿，元代著名戏曲家，代表作有《窦娥冤》《救风尘》等。

蒯 姓来源 商代有蒯（Kuǎi）国，国人以其国名为姓。另外，春秋时晋大夫得封于蒯，子孙以邑名为姓，也称蒯氏。蒯祥是明代著名的建筑家，他主持建造了北京故宫。皇帝称他为"蒯鲁班"。

相 姓来源 相姓源出有二：一是出自祖上名字。夏朝有一个帝王叫相，他的后裔支庶子孙，有的就以祖上的名字作为姓氏。二是出自子姓。商王河亶甲居住在相地，后来又迁都他处，而仍然留居在相地的人，便以相作为姓氏。相荣是晋代的著名辞赋作家。相士芳是明朝文士，举为进士后当官，善诗文。

关羽刮骨疗伤

关羽被曹军毒箭射中了右臂。

名医华佗知道此事后，特地来为他治伤。

你这伤情要割肉刮骨，治疗时会很疼的，要不把手臂绑在柱子上吧！

我的妈呀！

不要紧，先生只管动手，我照样下棋吃喝，请您不要见怪才好！

真是大丈夫啊！

其实很疼啊！

哎呀！

关将军如此之坚强，真不愧是大英雄啊！在下实在佩服佩服啊！

华佗治好关羽的伤后分文未取，"刮骨疗伤"的佳话也流传至今。

司马

姓来源 司马起源于西周。有个叫程伯林父的人，在朝廷中担任司马的官职。司马就是统领军队的大官。周宣王赐他以其官职"司马"为姓。司马迁，西汉史学家、文学家，写成了我国第一部纪传体通史《史记》。司马光，北宋杰出的政治家、思想家和史学家，他的著作《资治通鉴》是我国著名的编年史著作。

上官

姓来源 春秋时楚庄王之子子兰担任上官大夫，他的子孙就以官名为姓，称上官氏。唐代诗人上官仪，文章写得很好，唐太宗每次写诏书，完稿后都要让上官仪看一看。每次宴会，都让上官仪参加，以便让他赋诗撰文。

欧阳

姓来源 浙江吴兴县有一座欧余山。山南为阳，称作欧阳。越王无疆的儿子居住在欧阳这个地方。他的子孙于是以地名"欧阳"为姓。欧阳询，唐朝著名的书法家。欧阳修，北宋著名的政治家、文学家和史学家。

夏侯

姓来源 周武王封夏禹的后裔东楼公于杞。后来楚国灭杞，杞君的弟弟佗逃往鲁国。鲁公因为他是夏禹的后裔，又曾经封侯爵，就称他为夏侯氏。这就是夏侯氏的来历。夏侯惇、夏侯渊，三国魏人，曹操手下大将。夏侯审，唐代御史，为"大历十才子"之一。夏侯始昌，汉代鸿儒，甚为武帝器重，官至太傅。夏侯嘉正，宋代词赋家，江陵人，太平兴国中进士，著作佐郎，使于巴陵，为《洞庭赋》。

勤奋好学的欧阳修

欧阳修四岁时，父亲去世了，生活变得更加困难了。

小欧阳修天生好学，母亲就把沙土铺在地上，让他用芦秆当笔练习写字。

学而识习之，不亦说乎……

欧阳修读书专心致志，十岁时已经读了不少的书。

不人……希望我断案时别能够救下却还常常救不了……

欧阳修的母亲教他长大后要像他爹那样，与人为善。

后来，欧阳修考取功名，在任地方官时，经常查阅以前的案卷，发现了许多冤假错案。

惊！

这么个小地方，竟会有这么多错案冤案。

这个时候，欧阳修格外能够体会到他父亲的心情，此后欧阳修办公越发一丝不苟，像包拯一样，明镜高悬，芳名永存。

诸葛

姓来源　夏朝时，伯夷的后人被封在葛国。葛国被灭后，他的部分子孙搬到了阳都居住。阳都也有姓葛的，为了和他们区分，他们便以诸葛为姓。诸葛亮，三国时期蜀国丞相，中国历史上著名的政治家、军事家，《诸葛武侯集》《出师表》为其名篇。

东方

姓来源　东方姓源自上古伏羲氏。伏羲氏的后代中有个叫羲仲的人，位于震位（震位在八卦中主东方），他的家庭从他开始世代执掌东方青阳令。他的后代子孙于是就以东方为姓。东方朔，西汉大臣、文学家。东方虬，唐代史官、诗人。东方显，唐代文学家、"开元十八学士"之一。

皇甫

姓来源　皇甫姓源出有二：一是出自子姓。西周后期宋戴公有个儿子叫公子充石，字皇父，其孙南雍陲以祖父的字为姓氏，称为皇父氏。其六世孙皇父孟子，生子皇父遇。秦国灭宋时，皇父遇逃至鲁国。西汉中期，皇父遇嫡系子孙皇父鸾，自鲁迁居陕西茂陵，把姓氏中的"父"字改为"甫"字，遂成皇甫氏。二是出自西周，以官名为氏。西周太师皇甫的后代以"皇甫"为姓，称皇甫氏。皇甫嵩，东汉太尉。皇甫谧，魏晋两朝年间著名的医学家。

尉迟

姓来源　尉迟姓源起是以部落名为姓。南北朝时北方鲜卑族姓氏，以部落名为姓。前秦时期苻坚攻灭鲜卑拓跋部族，建立代国。后来拓跋邽（guī）复国，改国号为魏，史称北魏。与此同时，鲜卑族中又崛起一支尉迟部落，号尉迟部，如同中华之诸侯国。后来尉迟部随孝文帝进入中原，被命以族名尉迟为姓，称尉迟氏。尉迟恭，唐朝大将，是李世民亲信之一。

东方朔用酒劝君

东方朔是西汉时期著名的大臣，为人幽默。

叫朕如何是好哟？

汉武帝的外甥昭平君因为醉酒杀人，即将被斩首。

哈哈…我举起酒杯，

我举起酒杯，祝皇上万岁。

东方朔

你……

汉武帝一脸不高兴地回宫了。

你敬酒为什么不挑个时候，没看见朕心里正烦着吗？

我听说快乐和哀伤都不能过分，否则就容易精神分散。精神一散，邪气就会入侵，消除愁闷最好的方法是喝酒。所以我用酒向皇上祝寿，是表明皇上刚正不阿，同时劝皇上不要再悲伤了。

汉武帝听了便不再责怪他了。

淳于

姓来源　淳于姓源起于以国名为氏。春秋初期，从河南迁移来的强大杞国频繁入侵淳于国，淳于国国力迅速衰弱，无力再抵抗，国君淳于公迫不得已逃往外地，淳于国就此灭亡。淳于国亡国之后，其王族及其国人有以故国名为姓氏者，称淳于氏。淳于髡（kūn），战国时齐国文士。淳于越，战国时齐国博士。淳于量，南朝陈国车骑将军。

单于

姓来源　单于姓源自匈奴王族姓氏，以最高首领冠称为氏。历史上匈奴族的最高首领称为"撑犁孤涂单于"，意为称颂首领的权力是神授的，他们应拥有天子的广大辽阔的尊敬及势力，简称"单于"。他们的后代中有以单于为姓氏的，称单于氏。

太叔

姓来源　太叔姓源出有二：一是出自姬姓。春秋时，卫国国君卫文公姬毁的第三个儿子叫姬仪。在古代，兄弟以伯仲叔季为次序来排名，姬仪因为排行老三，所以人称叔仪，又因为他是王族之后，所以世称太叔仪。他的后代子孙以祖上的次第排名命姓，称太叔复姓。二是以祖上封号为氏。春秋时，郑庄公名叫寤（wù）生，他的弟弟叫作段，被封在京，世称京城太叔，其后代子孙遂以祖先封号命姓，称太叔复姓。太叔雄、太叔权，著名西汉大臣。

申屠

姓来源　申屠姓源出有三：一是源于姚姓，出自上古舜帝的后代，属于以音讹改姓为氏。二是源于姜姓，出自周平王给申侯幼子的封地，属于以封邑名称为氏。三是上古时期有申徒氏因音误传为申屠氏。申屠嘉，汉代都尉。申屠蟠，东汉学者。

淳于髡荐贤

淳于爱卿，你帮本王推荐几位贤士帮着治理齐国吧！

淳于髡

齐宣王

春秋战国时，齐宣王诏告天下求人才……

于是，淳于髡一天之内给他推荐了七位，齐宣王经过问答，发现果然个个本领高强。

人才是很难等到的，千里之内如果能找着一个贤士那就了不得了。现在你却在一天之内，推荐了七个贤士……

……

鸟与兽同一类的聚居在一起；柴胡和桔梗这类药材，便要到山的北面去寻，那就可以用车装运了。

我淳于髡勉强算是个贤士吧，所以您叫我推荐贤士，就像是到河里打水一样容易……

这就是所谓的"物以类聚"吧！哈哈！

物以类聚

153

公孙

姓来源 相传轩辕帝最初姓公孙，后来改姓姬，他的子孙中仍有以公孙为姓的。另外，周代国君的嫡长子称太子，其他儿子称公子，公子的儿子称公孙。公孙的后代中就有人以公孙为姓了。西汉末年的公孙述，称帝于蜀。唐代有著名的舞蹈家公孙大娘。她的剑器舞在唐玄宗开元盛世时极负盛名，是宫廷内外教坊八千歌舞女中的第一名。

仲孙

姓来源 仲孙姓源出有二：一是出自姬姓。春秋时鲁桓公次子名叫庆父，因排行老二，故世称共仲。他的子孙遂以仲孙为姓，称仲孙氏。庆父乱鲁之后，畏罪出逃，改姓为孟孙氏，但留居于鲁国的他的支庶子孙仍为仲孙氏，世代沿袭为仲孙姓。二是出自姜姓。春秋时期，齐国有仲孙氏。仲孙湫，春秋时齐国人，事桓公为大夫。

轩辕

姓来源 轩辕姓源出有三：轩辕复姓为黄帝嫡孙，出自有熊氏，亦称为帝鸿氏。黄帝曾居于轩辕之丘，故而得姓轩辕，黄帝的后代子孙遂称轩辕氏。一说黄帝作轩冕之服，教民做衣服，故谓轩辕。又据古代传说，轩辕即天鼋（yuán），天鼋变为龙，龙为轩辕部落的图腾，因以得氏。轩辕弥明，唐代诗人，善诗，言其诗作掷地有声。

令狐

姓来源 春秋时晋国大夫魏颗，在父亲死后，没有听从父亲将宠妾祖姬殉葬的遗嘱，坚持让祖姬改嫁。后来魏颗在同秦将杜回交战时，一位老人在草丛中将茅草结成绊索，绊倒杜回，帮助魏颗赢得胜利。这位老人就是祖姬的父亲，他因感激魏颗救女之恩，冒着危险来阵前助战。为了奖励魏颗的战功，晋君把令狐（今属山西）赏给他做封邑。后来魏颗的子孙就以封邑名为姓，称令狐氏。令狐邵，三国时期魏国弘农太守。

公孙跃马

王莽末年，群雄竞起，公孙述自称辅汉将军兼领益州牧。

东汉光武帝建武元年，公孙述以蜀地为都，自立为帝。

国号「成家」，建元龙兴，改益州为司隶校尉，以蜀郡为成都尹，设置三公以下各级职官。

废铜钱，设官铸铁钱；立两子为王，并分封诸子弟于郡县；一国政事尽在公孙氏，且拒阻群臣进谏。

建武十一年，汉廷派兵征讨，公孙氏为东汉所灭。

杜甫对他的一生进行了总结。

155

钟离

姓来源　钟离姓源起自以地名为姓。春秋时，宋国公族后代伯宗在晋国做官，被人所害，他的儿子伯州逃到了楚国的钟离定居。后来，伯州的子孙就以居住地名命姓，于是形成了钟离这一姓。钟离春，战国时期齐国的奇女子。钟离昧（mèi），汉朝人，是项羽的大将，素与韩信交好。项羽死后，投奔到楚王韩信门下。

宇文

姓来源　魏晋时北方鲜卑族有宇文部落，后来宇文部落的首领在打猎时拾到一颗玉玺（xǐ），上面刻着"皇帝玺"三字。他以为是天授君权，于是就号称宇文氏（当时习俗称天为"宇"，称君为"文"，即"天子"之意）。后来宇文氏进入中原，这个姓就传了下来。宇文恺，隋代有名的建筑家。宇文化及，隋代末年叛军首领。

长孙

姓来源　北魏道武帝拓跋珪的曾祖父拓跋郁律有两个儿子，大儿子叫沙英雄，小儿子叫什翼犍。什翼犍就是拓跋珪的祖父。拓跋珪称帝后，赐沙英雄的儿子嵩为长孙氏。以后这一支子孙就姓长孙。长孙无忌，唐朝洛阳人，唐太宗皇后之兄，博涉文史，有谋略。从太宗李世民定天下，功居第一，迁吏部尚书，封为齐国公，又徙赵国公、太子太师，后为高宗时辅政大臣，进授太尉，兼修国史。后因反对高宗立武则天为后，被放逐黔州，自缢身亡。撰有《唐律疏议》。

慕容

姓来源　慕容姓源起于汉桓帝时，鲜卑分为中、东、西三部，中部大夫柯最阙，居慕容寺。而从《通志·氏族略》的记载上考究，慕容氏出自中古时期，部族首领高辛氏的后裔，建立鲜卑国，自言慕二仪（天地）之道，继三光（日、月、星）之容，因此以慕容为姓，称为慕容氏。慕容恪，著名东晋十六国时期前燕政治家、军事家。

奇女钟离春

战国时期，齐国有一个名叫钟离春的女子，她长得奇丑无比，但有勇有谋。

当时执政的齐宣王听不进忠言，整日沉迷酒色，朝廷一盘散沙。

钟离春非常担心会因此亡国，于是去面见齐宣王。

陛下，我要嫁给你。

危险啊，危险啊！

钟离春先抬眼看四周，然后咬牙切齿，最后挥挥手，摸摸膝盖，大叫。齐宣王不明白，让她说明。

连一般的老百姓都不娶你，你却要嫁给我，难道你有特殊才能吗？

钟离春说自己会隐语，于是齐宣王叫她演示一下。

大王有四大危险：一是外有秦、楚两大强国的威胁；二是大兴土木，劳民伤财；三是近小人、远贤人；四是整日沉迷于酒色。这都是亡国先兆啊！

齐宣王听了，如梦初醒，于是立钟离春为王后。

说得有理，做我的皇后吧！

鲜于

姓来源 周武王灭商以后，要封殷商贵族箕子为官，但箕子不愿做周朝的臣子，就来到辽东，建立了朝鲜国。箕子的子孙中有个叫仲的人，有封地在于，他将国名"鲜"字和封地名"于"字合成"鲜于"二字为姓，就形成了鲜于姓。鲜于枢，元朝著名书法家。

司徒

姓来源 司徒一姓，是以官职命名的复姓。舜曾为尧时的司徒官，负责管理民众、土地及教化等事情，职位相当于宰相。周朝时称为地官大司徒。舜的支系子孙中有以官职名为姓的，称司徒氏。司徒卯，春秋时期陈国大夫。司徒肃，著名汉朝安平侯相。

司空

姓来源 司空姓源出有二：一是出自姒姓。尧为部落首领时，禹官至司空，其后代子孙有的以职官命姓，称司空氏。二是出自陶唐氏。春秋时期，只有晋国设置有司空官，其他各诸侯国均未设此官。尧的后代隰（xí）叔及其孙仕疴（tōng），都曾在晋国任过司空，其后代子孙遂以祖上职官命姓，称司空氏。唐朝有司空图、司空曙、司空颋（tǐng）。宋代有司空宗韩、司空舜宾。

宰父

姓来源 宰父姓源出纯正，出自周朝宰父的后代，以官名作为姓氏，与宰姓的一支同源。周代有官名叫宰父，属于天官，负责掌管王朝的法令，公卿官吏的职位升降及平时的考核都由宰父来管。宰父官的后代，有的就以祖上的职官名命姓，称宰父氏。春秋时期，孔子有弟子宰父黑，字子索，即为宰父姓的始祖。

鲜于枢悬臂执笔

鲜于枢是元朝著名的书法家，他从小酷爱书法，一心想找到超越前人的方法。

一天，他在田野中散步。

空气真清新啊！

只见两个车夫正在奋力拉一辆陷在泥中的木轮大车。

经过摸索，鲜于枢创造出悬臂执笔的方法：写字时将握着毛笔的手臂抬得高高的，这样毛笔就会随着手腕灵活运动，写出来的字笔画圆润，别具一格。

当两人合力拉车的一刹那，车轮轻轻地越出了泥坑。鲜于枢突然想到一种新的用笔方法。

鲜于兄，我想向你请教练习悬臂执笔的诀窍。

胆！胆！胆！

鲜于枢于是告诉那位书法家，要有突破前人的勇气，才能练就高超的书法技艺。

159

图书在版编目（CIP）数据

百家姓 / 童丹编著.
—武汉：湖北美术出版社,2012.10
（漫画版经典国学）
ISBN 978-7-5394-5326-2

Ⅰ.①百…
Ⅱ.①童…
Ⅲ.①汉语－古代－启蒙读物
Ⅳ.①H194.1

中国版本图书馆 CIP 数据核字(2012)第 139282 号

责任编辑：刘嘉鹏　龚　黎
技术编辑：程业友
装帧设计：张　明

百家姓

出版发行：湖北美术出版社
地　　址：武汉市洪山区雄楚大街 268 号
　　　　　湖北出版文化城 B 座
电　　话：（027）87679520　87679521　87679522
传　　真：（027）87679523
邮政编码：430070
网　　址：www.hbapress.com.cn
电子邮箱：hbapress@vip.sina.com
印　　刷：武汉安捷印刷有限公司
开　　本：720mm × 1000mm　　1/16
印　　张：10
印　　数：1-10000 册
版　　次：2012 年 10 月第 1 版　2015 年 9 月第 2 次印刷
定　　价：20.00 元